Margarete von Anjou,

Schöpferin der Geschichte

Jacob Abbott

Writat

Diese Ausgabe erschien im Jahr 2024

ISBN: **9789359940816**

Herausgegeben von
Writat
E-Mail: info@writat.com

Inhalt

VORWORT.

Die Geschichte von Margarete von Anjou ist Teil der Geschichte Englands, denn die Dame war, obwohl kontinentaler Herkunft, die Königin eines der englischen Könige, und England war Schauplatz ihrer bemerkenswertesten Abenteuer und Heldentaten. Sie lebte in sehr stürmischen Zeiten und führte ein sehr stürmisches Leben; und ihre Geschichte ist neben dem Interesse, das sie aufgrund der außergewöhnlichen persönlichen und politischen Wechselfälle, die sie aufzeichnet, weckt, auch nützlich, um viel Licht auf die Vorstellungen von richtig und falsch, von Gut und Böse sowie auf die Manieren und Sitten zu werfen Bräuche, sowohl des Friedens als auch des Krieges, die in England während der Ritterzeit vorherrschten.

KAPITEL I.

DIE HÄUSER YORK UND LANCASTER.

Eine echte Heldin.

Margarete von Anjou war eine Heldin; keine Heldin der Romantik und Fiktion, sondern der strengen und schrecklichen Realität. Ihr Leben war eine Reihe militärischer Heldentaten, begleitet von Gefahren, Entbehrungen, Leiden und wunderbaren Schicksalsschlägen, die in der gesamten Menschheitsgeschichte kaum ihresgleichen hatten.

Zwei große Streitereien.

Sie wurde in einer Zeit geboren und lebte in einer Zeit, in der im westlichen Teil Europas zwei große und schreckliche Streitigkeiten herrschten, die mehr als hundert Jahre andauerten und Frankreich und England sowie alle an sie angrenzenden Länder in Konflikt hielten Zustand ständiger Aufregung während dieser ganzen Zeit.

Wettbewerb zwischen den Häusern York und Lancaster.

Der erste dieser Streitigkeiten entstand aus einem Streit zwischen den verschiedenen Zweigen der königlichen Familie Englands über die Thronfolge . Die beiden Hauptzweige der Familie waren die Nachkommen der Herzöge von York und Lancaster, und die Kriege, die sie gegeneinander führten, werden in der Geschichte als die Kriege der Häuser York und Lancaster bezeichnet. Diese Kriege dauerten mehrere Generationen an und Margarete von Anjou war die Königin einer der prominentesten Vertreterinnen der Lancaster-Linie. Dadurch wurde sie auf das Intimste in den Streit verwickelt.

Kriege in Frankreich.

Der zweite große Streit, der in dieser Zeit vorherrschte, bestand aus den Kriegen zwischen Frankreich und England um den Besitz des Territoriums, das heute den nördlichen Teil Frankreichs bildet. Ein großer Teil dieses Territoriums gehörte während der Regierungszeit unmittelbar vor der Zeit von Margarete von Anjou zu England. Aber die Könige von Frankreich versuchten ständig, es wieder in ihren Besitz zu bringen – die Engländer leisteten natürlich ständig verzweifelten Widerstand. So war England hundert Jahre lang, einschließlich der Zeit, als Margaret lebte, in eine doppelte Reihe von Kriegen verwickelt – den einen intern, bei dem ein Zweig der königlichen Familie gegen den anderen um den Besitz des Throns kämpfte, und den anderen nach außen, der gegen Frankreich und andere kontinentale Mächte um den Besitz der Städte und Burgen und des von ihnen abhängigen Landes geführt wurde , die am Südufer des Ärmelkanals lagen.

Damit die Geschichte von Margarete von Anjou richtig verstanden werden kann, müssen zunächst einige Erklärungen zur Natur dieser beiden Streitigkeiten und zu den Fortschritten gegeben werden, die bis zu der Zeit, als Margarete kam, darin erzielt wurden auf der Bühne. Wir beginnen mit den internen oder Bürgerkriegen, die zwischen den Familien York und Lancaster geführt wurden. Eine Darstellung des Ursprungs und der Natur dieser Schwierigkeit wird in unserer Geschichte von Richard III. gegeben, es ist jedoch aufgrund des sehr wichtigen Teils notwendig, hier noch einmal darauf hinzuweisen und einige zusätzliche Einzelheiten dazu anzugeben Margarete von Anjou beteiligte sich am Streit.

Die Schwierigkeit entstand bei den Kindern und Nachkommen von König Edward III. Er regierte zu Beginn des 14. Jahrhunderts. Er bekleidete den Thron lange Zeit und seine Herrschaft galt als sehr wohlhabend und ruhmreich. Sein Wohlstand und Ruhm beruhten zu einem großen Teil auf dem Erfolg der Kriege, die er in Frankreich und in den Städten, Burgen und Landbezirken führte, die er dort eroberte und dem englischen Herrschaftsbereich annektierte.

Die Söhne von Edward III.

In diesen Kriegen wurde der alte König Edward von den Prinzen, seinen Söhnen, sehr unterstützt, die sehr kriegerische junge Männer waren und von Zeit zu Zeit an vielen siegreichen Feldzügen auf dem Kontinent beteiligt waren. Sie begannen diese Karriere, als sie noch sehr jung waren, und führten sie über alle Jahre ihres Mannesalters und mittleren Lebensalters fort, denn ihr Vater erreichte ein hohes Alter.

Der Schwarze Prinz.

Die bemerkenswertesten dieser kriegerischen Prinzen waren Edward und John. Edward war der älteste Sohn und John der dritte in der Reihenfolge des Alters derjenigen, die das Erwachsenenalter erreichten. Der Name des zweiten war Lionel. Edward, der älteste Sohn, war natürlich der Prinz von Wales; aber um ihn von anderen Prinzen von Wales zu unterscheiden, die ihm vorausgingen und folgten, ist er in der Geschichte allgemein unter dem Namen „Schwarzer Prinz" bekannt. Er erhielt diesen Namen ursprünglich wegen etwas an seiner Rüstung, das schwarz war und sein Erscheinen unter den anderen Rittern auf dem Schlachtfeld kennzeichnete.

Richard II.

Der Schwarze Prinz erlebte die Nachfolge seines Vaters und die Thronbesteigung nicht mehr, denn er verlor bei seinen Feldzügen auf dem Kontinent seine Gesundheit, kehrte nach England zurück und starb einige

Jahre vor dem Tod seines Vaters. Sein Sohn, der Richard hieß, war sein Erbe, und als schließlich der alte König Edward starb, übernahm dieser junge Richard die Krone unter dem Titel König Richard II. In der Geschichte von Richard II. wird in dieser Reihe ein ausführlicher Bericht über das Leben seines Vaters, des Schwarzen Prinzen, und über die verschiedenen bemerkenswerten Abenteuer gegeben, die er auf seinen Kontinentalfeldzügen erlebte.

John von Gaunt.

Prinz John, der dritte Sohn des alten Königs Edward, ist in der Geschichte allgemein als John of Gaunt bekannt. Dieses Wort Gaunt kam der Aussprache des Wortes Ghent, dem Namen der Stadt, in der John geboren wurde, am nächsten, die das englische Volk damals machen konnte. Denn zu Beginn seines Lebens war es König Edward gewohnt, seine gesamte Familie auf seine Kontinentalfeldzüge mitzunehmen, und so wurden seine mehreren Kinder an verschiedenen Orten geboren, eines in einer Stadt und das andere in einer anderen, und viele von ihnen erhielten Namen von den Orten, an denen sie zufällig geboren wurden.

Auswahl der Rosen.

Auf der folgenden Seite haben wir eine genealogische Tabelle der Familie von Edward III. An der Spitze stehen die Namen von Eduard III. und Philippa, seine Frau. In einer Zeile darunter stehen die Namen der vier seiner Söhne, deren Nachkommen in der englischen Geschichte eine Rolle spielen. Unter den Nachkommen dieser Söhne kam es zu den berühmten Kriegen zwischen den Häusern York und Lancaster, den sogenannten Rosenkriegen.

Genealogische Tabelle der Familie von Edward III., die die Verbindung der Häuser York und Lancaster zeigt.

Genealogische Tabelle der Nachkommen von Edward III.

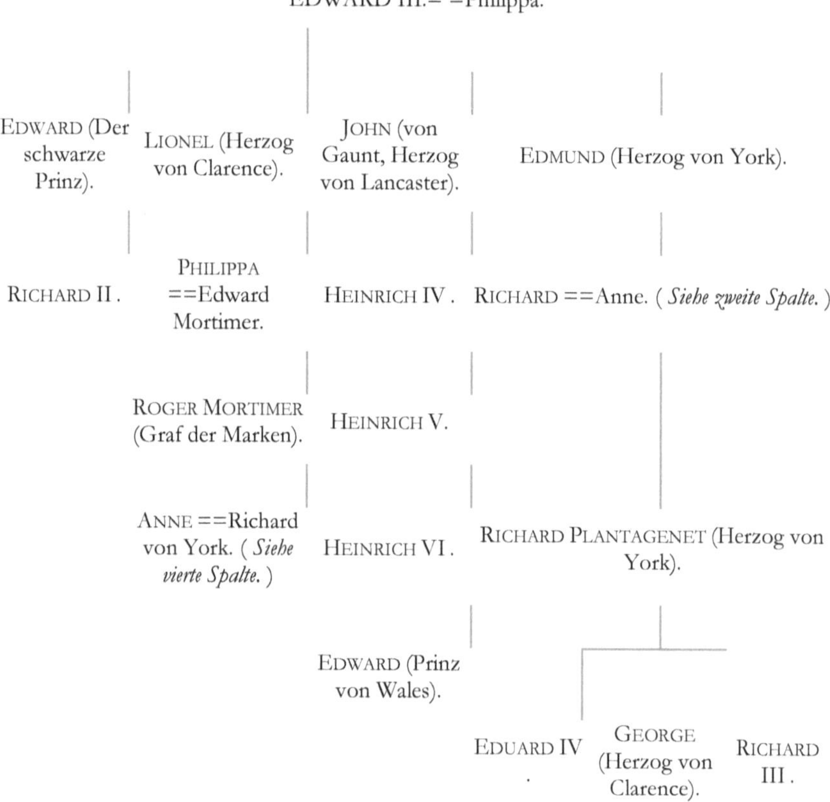

Das Zeichen == bezeichnet die Ehe; die kurze Senkrechte | ein Abstieg. Außer denen, deren Namen in der Tabelle eingetragen sind, gab es in den verschiedenen Zweigen der Familie noch viele andere Kinder und Nachkommen. Die Tabelle enthält nur diejenigen, die für das Verständnis der Geschichte wesentlich sind.

Die Rosen.

Diese Kriege wurden die Rosenkriege genannt, weil die weiße und die rote Rose zufällig als Abzeichen der beiden Parteien ausgewählt wurden – die weiße Rose war die des Hauses York und die rote die des Hauses York das Haus Lancaster.

Die vier Brüder.

Der Leser wird feststellen, dass die Herzöge von Lancaster und York der dritte und vierte der in der Tabelle aufgeführten Brüder sind, während man hätte annehmen können, dass jeder Streit, der in Bezug auf die Krone hätte entstehen sollen, zwischen den Familien der beiden stattgefunden hätte erster und zweiter. Aber der erste und zweite Sohn und ihre Nachkommen wurden bald sozusagen von der Konkurrenz ausgeschlossen, und zwar auf folgende Weise.

Ehrgeiz von Richards Onkeln. Richards Charakter.

Die Linie des ersten Bruders erlosch bald. Edward selbst, der Prinz von Wales, starb noch zu Lebzeiten seines Vaters und hinterließ seinen Sohn Richard als seinen Erben. Als der alte König dann starb, wurde Richard sein Nachfolger. Da er der älteste lebende Sohn des ältesten Sohnes war, konnte sein Anspruch nicht bestritten werden, und so stimmten seine Onkel ihm zu. Sie wollten das Reich zwar unbedingt regieren, aber sie begnügten sich damit, in Richards Namen zu regieren, bis er volljährig war, und dann nahm Richard die Regierung selbst in die Hand. Das Land war unter seiner Herrschaft einige Jahre lang einigermaßen zufrieden, aber schließlich wurde Richard ausschweifend und bösartig, und er beherrschte das englische Volk auf solch hochmütige Weise und unterdrückte es so schwer durch die Steuern und anderen Forderungen, die er erhob ihnen zufolge herrschte schließlich eine sehr allgemeine Unzufriedenheit gegen ihn und seine Regierung. Diese Unzufriedenheit hätte jedem seiner Onkel einen großen Vorteil bei jedem ihrer Pläne verschafft, ihm die Krone wegzunehmen. So vergrößerte es ihre Macht und ihren Einfluss im Land erheblich und schmälerte in entsprechendem Maße den des Königs. Die Onkel scheinen mit diesem Anteil an Macht und Einfluss zufrieden gewesen zu sein, der ganz natürlich in ihre Hände zu fallen schien, und versuchten keinen offenen Aufstand.

Sein Cousin Henry.

Richard hatte jedoch einen Cousin, einen jungen Mann in etwa seinem Alter, der durch seltsame Umstände schließlich dazu getrieben wurde, sich gegen ihn zu erheben. Dieser Cousin war der Sohn seines Onkels John. Sein Name war Henry Bolingbroke. Er erscheint in der Stammtafel als Heinrich IV., was später sein Titel als König von England war.

Streit zwischen Henry und Norfolk. Der Prozess.

Dieser Cousin Henry geriet in einen Streit mit einem gewissen Adligen namens Norfolk. Tatsächlich waren die Adligen jener Zeit ständig in Fehden und Streitereien verwickelt, die sie mit größter Rücksichtslosigkeit ausfochten, manchmal durch regelmäßige Schlachten zwischen Heeren von Gefolgsleuten, manchmal durch Zweikämpfe, wie es von den Streitparteien erwartet wurde Ein Appell an den allmächtigen Gott, an den sie glaubten oder zu glauben vorgaben, würde der gerechten Seite im Streit den Sieg bescheren. Diese Einzelkämpfe wurden mit großer Zeremonie und Parade arrangiert und in sehr öffentlicher und feierlicher Weise durchgeführt; Tatsächlich handelte es sich um einen anerkannten und etablierten Teil des Systems des öffentlichen Rechts, wie es damals verwaltet wurde. Im nächsten Kapitel werde ich, wenn ich insbesondere auf die Sitten und Gebräuche der Zeit eingehen werde, einen ausführlichen Bericht über eines dieser Duelle geben. Ich muss hier nur sagen, dass Richard, als er von dem Streit zwischen seinem Cousin Henry und Norfolk hörte, verfügte, dass sie ihn im Zweikampf beilegen sollten, und dass dementsprechend Vorbereitungen für den Prozess getroffen wurden und die Parteien bewaffnet und ausgerüstet für den Prozess erschienen Kampf, in Anwesenheit einer riesigen Menschenmenge, die sich versammelt hatte, um dem Spektakel beizuwohnen. Der König selbst sollte bei dieser Gelegenheit den Vorsitz führen.

Heinrich wird verbannt.

Doch kurz bevor das Signal zum Beginn des Kampfes gegeben werden sollte, unterbrach der König die Verhandlung und erklärte, er werde die Frage selbst entscheiden. Er erklärte beide Kämpfer für schuldig und erließ gegen beide einen Ausweisungsbeschluss. Heinrich unterwarf sich und beide bereiteten sich darauf vor, das Land zu verlassen. Diese Transaktionen erregten natürlich in ganz England großes Aufsehen und dienten dazu, Heinrich auf sehr auffällige Weise vor dem Volk des Reiches bekannt zu machen. Er stand in der direkten Thronfolge und war darüber hinaus ein Prinz von großem Reichtum und immensem persönlichen Einfluss, und so wurde Heinrich, genau in dem Maße, wie Richard selbst unbeliebt war, natürlich zum Objekt der Beliebtheit Sympathie und Respekt. Als er sich auf den Weg zur Südküste machte, um das Land in Erfüllung seines Urteils zu verlassen, strömten die Menschen an den Wegrändern herbei und versammelten sich in den Städten, an denen er vorbeikam, als wäre er ein Eroberer, der von seinen Siegen zurückkehrte anstatt dass ein verurteilter Verbrecher in die Verbannung geht.

1400. Seine Güter wurden beschlagnahmt.

Bald darauf starb der Herzog von Lancaster, Henrys Vater, und dann beschlagnahmte Richard, anstatt seinem Cousin den Besitz der riesigen

Ländereien zu gestatten, die sein Vater hinterlassen hatte, das gesamte Eigentum unter dem Vorwand, Henry habe es verwirkt, und so weiter wandelte es für seinen eigenen Gebrauch um. Dieses letzte Verbrechen erzürnte Heinrich so sehr, dass er beschloss, in England einzumarschieren, Richard abzusetzen und die Krone für sich zu beanspruchen.

Eine Revolution.

Dieser Plan wurde in die Tat umgesetzt. Henry rüstete auf, überquerte den Kanal und landete in England. Das Volk ergriff Partei. Eine große Mehrheit stellte sich auf die Seite Heinrichs. Einen ausführlichen Bericht über diesen Aufstand und diese Invasion finden Sie in unserer Geschichte von Richard II. Hier muss nur gesagt werden, dass die Revolution stattgefunden hat . Richard wurde abgesetzt und Heinrich erlangte den Besitz des Königreichs. Auf diese Weise etablierte sich das Haus Lancaster erstmals auf dem Thron.

Die älteren Zweige der Familie.

Aber Sie werden sich ganz natürlich fragen, wo die Vertreter des zweiten Bruders in der Familie Eduards des Dritten die ganze Zeit über waren und warum sie nicht erschienen sind, als Richard abgesetzt wurde, der der Sohn des ersten Bruders war, und ihre Ansprüche geltend gemacht haben Konkurrenz zu Heinrich. Der Grund dafür war, dass in dieser Linie kein männlicher Erbe dieses Zweigs lebte. Wenn Sie sich noch einmal die Tabelle ansehen, werden Sie sehen, dass das einzige Kind von Lionel, dem zweiten Bruder, Philippa, ein Mädchen, war. Sie hatte zwar einen Sohn, Roger Mortimer, wie aus der Tabelle hervorgeht; aber er war noch sehr jung und konnte nichts tun, um die Ansprüche seiner Linie durchzusetzen. Außerdem behauptete Heinrich, dass er neben seinen Ansprüchen auf den Thron durch seinen Vater auch noch ältere und noch besser begründete Ansprüche durch seine Mutter hatte, die, wie er zu beweisen versuchte, von einem englischen König abstammte, der *vor Eduard III. regierte* . Das englische Volk war mit seinen Argumenten sehr zufrieden, da es Heinrich zum König haben wollte, und so wurde beschlossen, dass er regieren sollte. Die Linie dieses zweiten Bruders gab ihre Ansprüche jedoch nicht auf, sondern behielt sie sich vor, um sie bei der ersten günstigen Gelegenheit zu erheben und durchzusetzen.

Heinrich regierte etwa dreizehn Jahre lang und wurde dann, wie aus der Tabelle hervorgeht, von seinem Sohn Heinrich V. abgelöst. Während dieser beiden Regierungszeiten gab es keinen Versuch, die Lancastrian-Linie in ihrem Besitz des Throns zu stören. Die Aufmerksamkeit sowohl der Könige als auch des Volkes war während dieser ganzen Zeit fast ausschließlich auf die Kriege gerichtet, die sie in Frankreich führten . Diese Kriege waren sehr erfolgreich. Die Engländer eroberten eine Provinz nach der anderen und eine Burg nach der anderen, bis schließlich fast das ganze Land unter ihre Herrschaft geriet.

Dieser Zustand hielt bis zum Tod Heinrichs V. im Jahr 1422 an. Er hinterließ seinem Erben einen kleinen Sohn, der ebenfalls Heinrich hieß und damals erst etwa neun Monate alt war. Dieser Säugling wurde sofort mit der königlichen Autorität als König von England und Frankreich unter dem Titel Heinrich VI. ausgestattet, wie aus der Tabelle hervorgeht. Es war dieser Heinrich, der, als er erwachsen wurde, der Ehemann von Margarete von Anjou wurde, die Gegenstand dieses Bandes ist. Während seiner Regierungszeit wurde auch der erste wirksame Versuch unternommen, dem Haus Lancaster das Recht auf den Thron streitig zu machen, und in den schrecklichen Wettbewerben, die dieser Versuch mit sich brachte, zeigte Margaret den außergewöhnlichen militärischen Heldenmut, für den sie sich entschieden hatte wurde so berühmt. Ich werde in einem späteren Kapitel die frühe Geschichte dieses Königs erzählen und die Natur der Vereinigung erklären, die während seiner Herrschaft gegen die Lancastrian-Linie gebildet wurde, nachdem ich zunächst einen kurzen Bericht über die Sitten und Gebräuche jener Zeit gegeben habe sind für das richtige Verständnis der Geschichte notwendig.

KAPITEL II.

SITTEN UND GEBRÄUCHE DER DAMALIGEN ZEIT.

Die Adligen. Ihre Lebensweise.

Zu der Zeit, als Margarete von Anjou lebte, blühten die Könige, Fürsten, Adligen und Ritter in den Reichen Englands und Frankreichs auf, obwohl sie im Verhältnis zur Masse des Volkes weitaus wohlhabender, stolzer und mächtiger waren als ihre Nachfolgeregelungen werden auch heute noch in vielerlei Hinsicht sehr unhöflich und barbarisch gelebt. Sie genossen nur sehr wenige Vorteile und Privilegien, die alle Klassen in der Zeit, in der wir leben, genießen. Sie verfügten nur über sehr wenige Bücher und verfügten kaum über Unterrichtsmöglichkeiten, die es ihnen ermöglichten, die Bücher, die sie hatten, zu lesen. Es gab keine guten Straßen, auf denen sie bequem von Ort zu Ort reisen konnten, und keine Wagen mit Rädern. Sie lebten in Burgen, die in der Tat sehr stark gebaut waren und von außen manchmal sehr prächtig und malerisch aussahen, im Inneren jedoch sehr schlecht eingerichtet und ungemütlich waren. Die Handwerker waren geschickt darin, prächtige Schabracken für die Pferde und kostbare, glitzernde Rüstungen für die Männer anzufertigen, und die Architekten konnten große Kathedralen errichten und sie mit Skulpturen und Säulen schmücken, die das Wunder der Gegenwart darstellen. Aber in Bezug auf alle gewöhnlichen Mittel und Geräte des täglichen Lebens lebten selbst die reichsten und mächtigsten Adligen auf eine sehr barbarische Art und Weise.

Gefolgsleute des Adels.

Die Masse des einfachen Volkes befand sich in einem Zustand völliger Unterwerfung unter den Willen der Häuptlinge, ganz im Zustand von Sklaven, die gezwungen waren, bei der Bewirtschaftung des Landes ihrer Herren zu schuften oder als Soldaten in den Kampf zu ziehen in ihren Streitigkeiten, ohne eine Entschädigung zu erhalten. Der große Ehrgeiz eines jeden Adligen und Ritters bestand darin, so viele dieser Gefolgsleute wie möglich unter seinem Kommando zu haben. Die einzige Grenze für die Zahl, die jeder Häuptling zusammenbringen konnte, war seine Fähigkeit, sie zu ernähren. Denn in jenen Tagen war es einfacher, Männer für den Kampf zu finden als für andere Beschäftigungen, und es gab eine große Zahl, die immer bereit war, jedem Befehlshaber zu folgen, der sie unterhalten konnte.

Ihre Gerichte.

Jeder große Adlige lebte in seinem Schloss, wie ein Prinz oder ein kleiner König. Die Oberschicht hatte ihre Geheimräte, Schatzmeister, Marschälle, Polizisten, Verwalter, Sekretäre, Herolde, Verfolger, Pagen , Wächter, Trompeter – kurz gesagt , alle verschiedenen Beamten, die am Hofe des

Herrschers zu finden waren. Dazu kamen ganze Scharen von Minnesängern, Imitatoren, Jongleuren, Tambouren, Seiltänzern und Possenreißern. Darüber hinaus gab es zu jeder großen Burg immer eine große Gruppe von Priestern und Mönchen, die in einer zu diesem Zweck innerhalb der Burgmauern erbauten, prächtig dekorierten Kapelle Gottesdienste nach den damaligen Gepflogenheiten verrichteten.

Große Macht der Adligen.

So war das ganze Land sozusagen in eine große Anzahl separater Jurisdiktionen aufgeteilt, an deren Spitze jeweils ein Graf, ein Baron oder ein Herzog stand, der in allem, was damit zusammenhing, mit nahezu absoluter Macht herrschte die innere Verwaltung seiner Provinz, erkannte jedoch eine gewisse allgemeine Herrschaft des Königs über alles an. Angesichts dieser Sachlage ist es nicht verwunderlich, dass die Adligen, wie im Verlauf dieser Erzählung gezeigt wird, oft mächtig genug waren, sich zusammenzuschließen und nach Belieben Könige einzusetzen und zu stürzen.

Der Graf von Warwick.

Der vielleicht mächtigste aller großen Adligen, die zur Zeit von Margarete von Anjou blühten, war der Earl of Warwick. Sein Einfluss auf die Entscheidung zwischen den konkurrierenden Ansprüchen verschiedener Anwärter auf die Krone war so groß, dass er in der Geschichte unter dem Titel „*Königsmacher"* *bekannt ist* . Sein Reichtum war so enorm, dass man sagte, die Zahl der von ihm unterhaltenen Gefolgsleute belief sich manchmal auf dreißigtausend Mann.

Vergnügungen des Adels.

Die Beschäftigungen und sogar die Vergnügungen dieser großen Barone und Adligen waren ausschließlich militärischer Natur. Sie blickten mit großer Verachtung auf alle nützlichen Beschäftigungen in Kunst und Industrie herab und betrachteten sie als nur passende Beschäftigungen für Leibeigene und Sklaven. Ihre Aufgabe bestand darin, Krieg zu führen, entweder unabhängig voneinander oder, unter dem Kommando des Königs, gegen einen gemeinsamen Feind. Wenn sie nicht in einen dieser Kriege verwickelt waren , vergnügten sie sich und die Menschen an ihren Höfen mit Turnieren, Scheinkämpfen und Begegnungen aller Art, die sie auf offenen, an ihre Burgen angrenzenden Geländen mit großem Prunk und Prunk veranstalteten.

Gerichte. Streitigkeiten unter den Adligen.

Es war nicht zu erwarten, dass solch mächtige und kriegerische Häuptlinge durch die gewöhnliche Gerichtsmaschinerie weitgehend unter der Kontrolle des Gesetzes gehalten werden könnten. Natürlich gab es damals Gesetze und Gerichte, aber sie wurden hauptsächlich gegenüber dem einfachen Volk angewandt, um gewöhnliche Verbrechen zu unterdrücken. Die Adligen pflegten in ihren Streitigkeiten und Auseinandersetzungen untereinander die aufkommenden Fragen auf andere Weise zu regeln. Manchmal taten sie dies, indem sie ihre Truppen aufstellten und in regelmäßigen Feldzügen gegeneinander kämpften, bei denen sie Burgen belagerten und Dörfer und Felder verwüsteten, wie in Zeiten öffentlicher Kriege. Manchmal, wenn die Macht des Königs ausreichte, um solche Ausbrüche zu verhindern, wurden die Streitparteien aufgefordert, den Streit im Zweikampf in Anwesenheit des Königs und seines Hofes sowie einer großen Menge versammelter Menschen beizulegen Zuschauer. Diese Einzelkämpfe waren der Ursprung des modernen Duellbrauchs.

Duell.

Heutzutage ist die Beilegung von Streitigkeiten durch private Auseinandersetzungen zwischen den Parteien nach den Gesetzen des Landes ein Verbrechen. Es wird zu Recht als barbarische und sinnlose Praxis angesehen. Der Mann, der einen anderen zum Duell provoziert und ihn dann im Kampf tötet, anstatt durch die Tat irgendeinen Ruhm zu erlangen, muss für den Rest seines Lebens sowohl in seinem eigenen Gewissen als auch in der Meinung der Menschheit das Mal tragen und Makel des Mordes. Und wenn zwei Streitparteien, die in einen Streit verwickelt sind, entgegen dem Gesetz und den Meinungen und Wünschen aller guten Männer durch ihre wütenden Leidenschaften so verzweifelt werden, dass sie sie auf diese Weise befriedigen wollen, sind sie verpflichtet zu allen möglichen Manövern und Listen Zuflucht zu nehmen, um das Verbrechen, das sie begehen wollen, zu verbergen und die Einmischung ihrer Freunde oder der Gesetzeshüter zu vermeiden.

Torturkampf.

In den Tagen der halbwilden Ritter und Barone, die in den Zeiten, über die wir schreiben, eine so üppige Blüte erlebten, war die Beilegung eines Streits durch Zweikampf zwischen den beiden Parteien jedoch eine offen anerkannte und vollkommen legitime Methode Schiedsverfahren, und die Verhandlung der Frage wurde mit noch strengeren und feierlicheren Formen und Zeremonien durchgeführt als diejenigen , die das Verfahren vor ordentlichen Gerichten regelten.

Der Stich auf der vorhergehenden Seite ist eine Art grobe symbolische Darstellung eines solchen Prozesses, kopiert von einer Zeichnung in einem alten Manuskript. Wir sehen die Kämpfer im Vordergrund, die Kampfrichter und Zuschauer dahinter.

Henry Bolingbroke.

Zu einem öffentlichen und feierlichen Kampf dieser Art berief Richard II. seinen Cousin Henry Bolingbroke und seinen Feind ein, wie im letzten Kapitel beschrieben. In diesem Fall wurde der Kampf nicht ausgetragen, da der König den Fall selbst in die Hand genommen und beide Parteien verurteilt hatte, bevor der Kampf begonnen hatte. Aber in einer Vielzahl anderer Fälle endete der Prozess mit dem Tod einer Partei und dem Triumph und Freispruch der anderen.

In den Schriften der alten Chronisten sind uns sehr viele detaillierte und vollständige Berichte über diese Kämpfe überliefert. Ich werde hier eine Beschreibung von einem von ihnen geben, als Beispiel für diese Art des Prozesses, der auf dem öffentlichen Platz vor dem Palast von König Richard dem Zweiten, dem König selbst, allen wichtigen Adligen des Hofes und a ausgetragen wurde Eine große Menge anderer Personen, denen als Zuschauer des Kampfes Sitzplätze in der Gegend zur Verfügung gestellt wurden . Die Adligen und Ritter trugen alle komplette Rüstungen; und Herolde, Knappen und Wachen waren in großer Zahl stationiert, um die Vorgänge zu regeln. Es war an einem hellen Morgen im Juni, als der Kampf ausgetragen wurde, und die ganze Szenerie glich einem großartigen und freudigen Spektakel an einem Galatag.

Tolle Menschenmenge.

Es wurde geschätzt, dass anlässlich dieses Duells mehr Menschen aus dem umliegenden Land nach London kamen als zur Zeit der Krönung des Königs. Sie fand etwa drei Jahre nach der Krönung statt.

Die Parteien.

Die Kampfparteien waren John Anneslie , ein Ritter, und Thomas Katrington , ein Knappe. Anneslie , die Ritterin, war die Beschwerdeführerin und die Herausforderin. Katrington , der Gutsbesitzer, war der Angeklagte. Die Umstände des Falles waren wie folgt.

Art des Streits. Schloss verloren.

Katrington , der Gutsherr, war Gouverneur einer Burg in der Normandie. Das Schloss gehörte einem gewissen englischen Ritter, der später starb, und sein Besitz fiel an Anneslie , die Beschwerdeführerin in diesem Streit. Wenn der Gutsherr die Burg erfolgreich gegen die Franzosen verteidigt hätte, die sie angriffen, wäre sie mit dem anderen Besitz an Anneslie übergegangen . Aber er hat nicht. Als die Franzosen kamen und die Burg belagerten , übergab Katrington sie und sie ging verloren. Er behauptete, dass er nicht über ausreichende Streitkräfte verfüge, um es zu verteidigen, und dass er keine andere Wahl habe, als sich zu ergeben. Anneslie hingegen behauptete, dass er es hätte verteidigen können und dass er dies auch getan hätte, wenn er seinem Vertrauen treu geblieben wäre; aber dass er von den Franzosen *bestochen* worden sei, um es aufzugeben. Dies bestritt Katrington ; Also forderte Anneslie , die über den Verlust der Burg sehr wütend war, ihn zu einem Zweikampf heraus, um die Frage zu beantworten.

Grund für diese Art des Prozesses.

Es ist klar, dass dies eine sehr absurde Art war, herauszufinden, ob Katrington bestochen worden war oder nicht; Da sich die Angelegenheit jedoch einige Jahre zuvor und in einem anderen Land ereignet hatte und außerdem die Gewährung und Annahme von Bestechungsgeldern Tatsachen sind, die sich durch gewöhnliche Beweise nur sehr schwer beweisen lassen, wurde von der Regierung des Königs entschieden, dass dies der Fall sei war ein geeigneter Fall für den Kampfprozess, und beiden Parteien wurde befohlen, sich auf den Kampf vorzubereiten. Auch der Tag wurde festgelegt und der Ort – der öffentliche Platz gegenüber dem Königspalast – festgelegt. Als die Zeit näher rückte, herrschte im ganzen Land im Umkreis von vielen Kilometern größtes Interesse und größte Erwartung.

Das Unternehmen montiert . Die Kämpfer erscheinen.

An der Stelle, wo der Kampf ausgetragen werden sollte , war ein großer Raum mit einer sehr starken Barrikade umzäunt. Die Barrikade wurde sehr stark gebaut, um dem größtmöglichen Druck der Menge standzuhalten. Für den König und die Adligen des Hofes wurden erhöhte Sitze errichtet, von denen aus man einen vollständigen Blick auf die Listen, wie der umzäunte Bereich genannt wurde, hatte, und alle anderen notwendigen Vorbereitungen wurden getroffen. Als die Stunde des festgesetzten Tages kam, kamen der König und die Adligen in großer Pracht und nahmen ihre Plätze ein. Der ganze Platz, mit Ausnahme der Listen und eigentlichen Zufahrtswege, die von den Soldaten offengehalten wurden, war längst mit einer riesigen Menschenmenge aus dem umliegenden Land gefüllt. Endlich, nach einer kurzen Zeit des Wartens, sah man die Herausforderin Anneslie auf einem prächtig geschmückten Pferd einen der Zugänge entlangkommen, begleitet von mehreren Rittern und Knappen, seinen Freunden, alle vollständig bewaffnet.

Das Pferd ausgeschlossen.

Als er das Geländer erreichte, blieb er stehen und stieg von seinem Pferd. Es verstieß gegen die Kampfregeln, wenn sich eine der beiden Parteien in die aufgestellten Listen eintragen ließ. Wenn ein Pferd innerhalb der Einfriedung ging , verfiel es durch diese Handlung an einen bestimmten Beamten namens „High Constable of England", der für die Regelmäßigkeit und Ordnung des Verfahrens verantwortlich war.

Nachdem Anneslie mit Hilfe seiner Begleiter von ihrem Pferd abgestiegen war, betrat sie die Liste, bewaffnet und ausgerüstet für den Kampf. Seine Knappen begleiteten ihn. Er ging dort ein paar Minuten hin und her , und dann rief ein Herold, der eine Trompete blies, den Angeklagten zum Erscheinen.

Vorladung des Angeklagten.

„Thomas Katrington ! Thomas Katrington !" Er schrie mit lauter Stimme: „Komm und erscheine, um die Aktion zu retten, für die Sir John Anneslie , Ritter, dich öffentlich und schriftlich appelliert hat!"

Auftritt von Katrington .

Dreimal verkündete der Herold diesen Aufruf. Beim dritten Mal erschien Katrington .

Er kam, wie Anneslie gekommen war, auf einem prachtvoll geschmückten Kriegspferd, dessen Wappen auf dem Wappen bestickt waren. Er wurde von seinen Freunden begleitet, den Vertretern der Sekundanten des modernen Duells. Die beiden blieben am Eingang der Listen stehen, stiegen ab und gingen zu Fuß in die Listen hinein. Da nun alle Kräfte auf die Kämpfer konzentriert waren, wurde das Pferd für einen Moment losgelassen, und da es seinem Herrn unbedingt folgen wollte, rannte es an der Reling auf und ab, streckte Kopf und Hals so weit wie möglich nach vorn und versuchte es überwinden. Schließlich wurde er ergriffen und abgeführt; aber der Lord High Constable sagte sofort , er solle ihn wegen der Eintragung in die Listen verklagen.

Pferdekopf eingebüßt.

„Zumindest", sagte er, „werde ich seinen Kopf und Hals beanspruchen und so viel von ihm, wie über dem Geländer war."

Die Schriftsätze.

Die Kombattanten standen sich nun innerhalb der Listen gegenüber. Es wurde ein schriftliches Dokument vorgelegt, das, wie gesagt, im Einvernehmen beider Parteien erstellt worden war und eine Erklärung der gegen Katrington erhobenen Anklage enthielt , nämlich des Verrats, weil er dem Feind eine ihm anvertraute Burg für Geld verraten hatte Anklage und seine Antwort. Der Herold verlas dieses Dokument mit lauter Stimme, damit die ganze Versammlung oder so viele wie möglich es hören könnten. Sobald es gelesen war, begann Katrington, bei einigen Passagen darin Ausnahmen zu machen. Der Herzog von Lancaster, der bei dieser Gelegenheit den Vorsitz zu führen schien, beendete seine Kritik sofort und sagte, dass er dem Papier bereits zugestimmt habe und dass er nun, wenn er irgendwelche Schwierigkeiten damit machen und sich weigern sollte, zu kämpfen, er sollte des Hochverrats für schuldig befunden und sofort zur Hinrichtung geführt werden.

Katrington ist fertig.

Katrington sagte dann, er sei bereit, gegen seinen Gegner zu kämpfen, und zwar nicht nur in Bezug auf die Punkte, die in dem verlesenen Dokument angesprochen wurden, sondern in allen anderen Punkten, was auch immer

ihm zur Last gelegt werden könnte . Er habe volles Vertrauen, sagte er, dass
die Gerechtigkeit seiner Sache ihm den Sieg sichern werde.

Einziger Eid geleistet.

Der nächste Ablauf dieser seltsamen Zeremonie war einzigartig genug. Es
handelte sich um die feierliche Ablegung eines Eides an jeden der Kämpfer,
mit dem sie gesamtschuldnerisch schworen, dass die Sache, für die sie
kämpfen sollten, wahr sei und dass sie sich nicht mit Hexerei oder
Zauberkunst beschäftigten, womit sie es erwartet hätten den Sieg über ihren
Gegner erringen; und auch, dass sie kein Kraut, keinen Stein oder
irgendeinen Zauber an sich hatten, durch den sie irgendeinen Vorteil zu
erlangen hofften.

Nachdem dieser Eid geleistet worden war, wurde den Kämpfern Zeit
gegeben, ihre Gebete zu sprechen. Diese Zeremonie führten sie offenbar in
sehr andächtiger Weise durch, und dann begann der Kampf.

Der Kampf.

Die Kämpfer kämpften zunächst mit Speeren, dann mit Schwertern und
schließlich, wenn es auf engstem Raum zuging, mit Dolchen. Anneslie schien
den Vorteil zu erlangen. Es gelang ihm, Katrington eine nach der anderen
seiner Waffen zu entwaffnen und ihn schließlich niederzuwerfen. Als
Katrington am Boden lag, versuchte Anneslie, sich auf ihn zu stürzen, um
ihn mit dem Gewicht seiner schweren Eisenrüstung zu zerquetschen. Aber
er war erschöpft von der Hitze und der Anstrengung, die er gemacht hatte,
und der Schweiß, der von seiner Stirn unter seinem Helm herunterlief,
blendete seine Augen, so dass er nicht genau sehen konnte, wo Katrington
war, und anstatt auf ihn zu fallen, er landete in einiger Entfernung auf dem
Boden. Dann gelang es Katrington, zu Anneslie zu gelangen und ihn zu
erobern, wodurch er ihn mit seinem Gewicht zu Boden drückte. Die
Kämpfer lagen so ein paar Minuten zusammen auf dem Boden und kämpften
miteinander, so gut ihre schwere und unhandliche Rüstung es erlaubte, wobei
Katrington die ganze Zeit über an der Spitze stand, als der König schließlich
befahl, den Kampf zu beenden, und so weiter Die Männer sollten getrennt
werden.

Das Verfahren wurde vom König gestoppt.

Im Gehorsam gegenüber diesen Befehlen kamen einige Männer, um
Anneslie zu retten , indem sie ihm Katrington wegnahmen. Aber Anneslie
flehte sie an, sich nicht einzumischen. Und als die Männer Katrington
abgenommen hatten, forderte er sie auf, ihn wieder auf ihn zu setzen, wie er
zuvor war, denn er sagte, er selbst sei überhaupt nicht verletzt und er habe
keinen Zweifel daran, dass er den Sieg erringen würde, wenn sie gehen
würden er allein. Da die Männer jedoch den Befehl des Königs hatten, was

sie taten, achteten sie nicht auf Anneslies Bitten, sondern führten Katrington ab.

Katringtons Zustand.

Sie stellten fest, dass er so schwach und erschöpft war, dass er nicht stehen konnte. Sie führten ihn zu einem Stuhl, nahmen ihm dann den Helm ab und versuchten, ihn wiederzubeleben, indem sie sein Gesicht badeten und ihm etwas Wein gaben.

Anneslies Bitte an den König.

In der Zwischenzeit ließ sich Anneslie hochheben , als sie feststellte, dass Katrington weggebracht worden war . Als er sich auf die Füße stellte, ging er zu dem Teil der Umzäunung , der in der Nähe des Königssitzes lag, und flehte den König an, den Kampf fortzusetzen. Er sagte, er sei sicher, dass er den Sieg erringen würde, wenn sie ihm nur erlauben würden, den Kampf bis zum Ende fortzusetzen. Schließlich gaben der König und die Adligen ihre Zustimmung und befahlen, Anneslie wieder auf den Boden zu legen und Katrington auf ihn, und zwar möglichst in derselben Position wie zuvor.

Doch als sie noch einmal nach Katrington gingen , um dieses Dekret auszuführen, stellten sie fest, dass er sich in einem solchen Zustand befand, dass die Möglichkeit dazu ausgeschlossen war. Er war ohnmächtig geworden und in tödlicher Ohnmacht von seinem Stuhl gefallen. Er schien nicht verwundet, sondern durch die Hitze, das Gewicht seiner Rüstung und die extreme Gewalt der Anstrengung, die er unternommen hatte, völlig erschöpft zu sein. Seine Freunde hoben ihn wieder auf und machten sich daran , seine Rüstung abzuschnallen und auszuziehen . Von dieser Last befreit, begann er zu sich selbst zu kommen. Er öffnete die Augen und sah sich um, starrte mit einem wilden, verwirrten und gespenstischen Blick, der das Mitleid aller Betrachter erregte, das heißt aller außer Anneslie . Als er den König verließ, kam er zu dem Ort, an dem der arme Katrington saß, und begann voller Zorn und Hass, ihn zu verspotten und zu beschimpfen, nannte ihn einen Verräter und einen falschen, meineidigen Bösewicht und forderte ihn heraus, wieder in die Gegend hinauszugehen und beende den Kampf.

Anneslies Wut.

Darauf gab Katrington keine Antwort, sondern starrte wild und verwirrt um sich, als wüsste er nicht, wo er war oder was sie mit ihm machten.

Die Beendigung des Prozesses.

Daher wurde auf die weitere Verfolgung des Kampfes verzichtet. Anneslie wurde zur Siegerin erklärt, und der arme Katrington galt durch seine Niederlage als schuldig des ihm zur Last gelegten Hochverrats. Er wurde von seinen Freunden weggetragen und in sein Bett gelegt. Er war die ganze Nacht im Delirium und starb am nächsten Morgen um neun Uhr.

So wurde dieser Kampf, wie der alte Historiker sagt, zur großen Freude des einfachen Volkes und zur Entmutigung der Verräter ausgetragen!

KAPITEL III.

KÖNIG HEINRICH VI.

Thronbesteigung von König Heinrich.

König Heinrich der Sechste, der später der Ehemann von Margarete von Anjou wurde, war, wie bereits erwähnt, erst etwa neun Monate alt, als er durch den Tod seines Vaters den Thron bestieg. Er wurde von den Herolden unter dem Klang von Trompeten und Trommeln in allen Teilen Londons verkündet, als er noch ein Kleinkind in den Armen seiner Amme war.

Seine Onkel.

Natürlich stellte sich nun die Frage, wer in England die Herrschaft haben sollte, solange Heinrich noch ein Kind blieb. Und diese Frage betraf hauptsächlich die Onkel des kleinen Königs, von denen es drei gab – allesamt unhöfliche, unruhige und mächtige Adlige, wie sie im letzten Kapitel kurz beschrieben wurden. Jeder von ihnen hatte eine mächtige Truppe von Gefolgsleuten und Parteigängern in seinen Diensten, und das ganze Königreich fürchtete sich sehr vor den Streitigkeiten, von denen jeder wusste, dass sie jetzt wahrscheinlich ausbrechen würden.

Der älteste dieser Onkel war Thomas. Er war Herzog von Exeter.

Der zweite war John. Er war Herzog von Bedford.

Der Dritte war Humphrey. Er war Herzog von Gloucester. Thomas und Humphrey scheinen zum Zeitpunkt des Todes ihres Bruders, des alten Königs, in England gewesen zu sein. John oder Bedford, wie er allgemein genannt wurde, befand sich in Frankreich, wo er eine sehr angesehene und erfolgreiche Karriere bei der Ausweitung und Aufrechterhaltung der englischen Eroberungen in diesem Land verfolgte.

Gewaltenteilung.

Die führenden Adligen und Beamten der Regierung versammelten sich bald nach dem Tod des alten Königs zu einem Rat, und um den Ausbruch der sonst zu erwartenden Streitigkeiten zwischen diesen Onkeln zu verhindern, beschlossen sie, die Macht so gut wie möglich aufzuteilen ist unter ihnen gleichermaßen möglich. Deshalb ernannten sie Thomas, den Herzog von Exeter, der in seinem Charakter offenbar weniger ehrgeizig und kriegerisch war als die anderen, zum Obmann und zur Obhut der Person des jungen Königs. Humphrey, der Herzog von Gloucester, wurde zum Beschützer von England ernannt und John, der Herzog von Bedford, zum Regenten von Frankreich. Somit waren scheinbar alle zufrieden.

Streitigkeiten. Beaufort und Gloucester.

Doch der Frieden, der sich aus dieser Vereinbarung ergab, hielt nicht lange an. Schon bald wurde ein gewisser Bischof Henry Beaufort ernannt, der Heinrichs Onkel Thomas in der persönlichen Obhut des Königs unterstützen sollte. Dieser Henry Beaufort war Henrys Großonkel und einer der Söhne von John of Gaunt. Er war ein jüngerer Sohn seines Vaters und wurde daher in die Kirche aufgenommen, zum Bischof von Winchester ernannt und anschließend zum Kardinal ernannt. Somit nahm er eine sehr erhabene Stellung ein und verfügte über ein Maß an Reichtum, Macht und allgemeinem Ansehen, das denen der größten Adligen des Landes kaum nachstand. Er war auch ein Mann von großer Begabung, sehr geschickt im Manövrieren und Intrigieren, und er begann sofort, ehrgeizige Pläne für sich zu schmieden, die er durch die Macht, die ihm die Obhut des jungen Königs verlieh, in die Tat umsetzen wollte. Er war natürlich sehr eifersüchtig auf den Einfluss und die Macht des Herzogs von Gloucester, und der Herzog von Gloucester wurde sehr eifersüchtig auf ihn. Es dauerte nicht lange, bis sich Gelegenheiten ergaben, die die beiden Männer und ihre Gefolgsleute in einen direkten und offenen Zusammenstoß brachten.

Fortgang des Streits.

Ich kann hier nicht auf die Einzelheiten des Streits eingehen. Eine der ersten Schwierigkeiten betraf den Tower of London, den Beaufort unter seinem Kommando hatte und in dem sich ein Gefangener befand, den Gloucester freilassen wollte. Dann kam es auf der London Bridge zu einem großen Aufruhr und einer Unruhe, die die ganze Stadt London in Alarmbereitschaft versetzte. Beaufort behauptete, Gloucester habe einen Plan geschmiedet, um die Person des Königs zu beschlagnahmen und ihn aus Beauforts Obhut zu entfernen; und dass er darüber hinaus Pläne für Beauforts Leben hatte. Um sich zu verteidigen und Gloucester daran zu hindern, den Palast, in dem er wohnte, zu erreichen, besetzte und befestigte er die Gänge, die zur Brücke führten. Er baute Barrikaden, nahm die Ketten des Fallgitters ab und stellte eine große Streitmacht zusammen, um die Spitze zu bewachen. Die Menschen in London waren in großer Sorge. Sie stellten Tag und Nacht Wachen, um ihr Eigentum vor der erwarteten Gewalt der Soldaten und Partisanen der Kombattanten zu schützen, und so herrschte überall Aufregung und Angst. Natürlich gab es keine Gerichte, die stark genug waren, um einen solchen Streit zu kontrollieren, und schließlich schickte das Volk eine Delegation zum Herzog von Bedford in Frankreich und flehte ihn an, sofort nach England zu kommen und zu sehen, ob er den Streit nicht beilegen könne .

Bedford wurde aus Frankreich nach Hause gerufen.

Der Herzog von Bedford kam. Ein Parlament wurde einberufen und die zwischen den beiden großen Streitparteien strittigen Fragen wurden einer feierlichen Verhandlung vorgelegt. Der Herzog von Gloucester erhob eine Reihe schwerer Vorwürfe gegen den Kardinal, und der Kardinal gab eine formelle Antwort, die nicht nur seine Verteidigung, sondern auch Gegenvorwürfe gegen den Herzog enthielt. Diese Papiere wurden von den auf beiden Seiten mit der Bearbeitung des Falles beauftragten Anwälten mit großer technischer Sorgfalt und Zeremonie verfasst und dem Herzog von Bedford und dem Parlament vorgelegt. Es kam zu einer Reihe von Debatten, in denen sich die Freunde der beiden Parteien gegenseitig gegenseitig bezichtigten und beschuldigten. Das Ergebnis war, wie es in solchen Fällen üblich ist, dass beide Seiten schuld zu sein schienen, und um den Streit beizulegen, wurde eine Art Kompromiss geschlossen , mit dem beide Parteien zufrieden waren, und eine Versöhnung oder was auch immer äußerlich so aussah, wurde gemacht. Es wurde eine neue Aufteilung der Befugnisse und Vorrechte zwischen Gloucester als Beschützer Englands und Beaufort als Verwalter des Königs vereinbart. Nachdem der Frieden wiederhergestellt war, kehrte Bedford wieder nach Frankreich zurück.

Tod von Bedford.

Danach ging es viele Jahre lang einigermaßen gut; das heißt, es gab keine offenen Ausbrüche mehr, obwohl die alte Eifersucht und der Hass zwischen Gloucester und dem Kardinal immer noch anhielten. Der Einfluss des Herzogs von Bedford hielt beide Parteien in Schach, solange der Herzog lebte. Doch schließlich, als der junge König etwa vierzehn Jahre alt war, starb der Herzog von Bedford. Zum Zeitpunkt seines Todes befand er sich in Frankreich. Er wurde mit großem Prunk und Zeremonien in der Stadt Rouen beigesetzt, die gewissermaßen das Hauptquartier seiner Herrschaft in diesem Land gewesen war, und über seinem Grab wurde ein prächtiges Denkmal errichtet.

Anekdote.

Im Zusammenhang mit diesem Grab wird eine merkwürdige Anekdote über den König von Frankreich erzählt. Einige Zeit nach dem Bau des Grabes fiel Rouen in die Hände der Franzosen, und einige Leute schlugen vor, das Denkmal, das zum Gedenken an ihren alten Feind errichtet worden war, abzureißen; aber der König von Frankreich wollte dem Vorschlag nicht zuhören.

Großzügigkeit des französischen Königs.

„Welche Ehre soll es für uns sein", sagte er, „oder für Sie, das Denkmal niederzureißen oder die toten Knochen dessen aus der Erde zu ziehen, mit dem in seinem Leben weder mein Vater noch Ihre Vorfahren zusammen waren." All ihre Macht, ihr Einfluss und ihre Freunde waren jemals in der Lage, einen Fuß zurück zu fliehen, aber er hielt sie alle durch seine Stärke, seinen Witz und seine Politik in Schach. Darum sage ich: Lasst Gott seine Seele haben; und zwar für seine Körper, lass ihn in Frieden ruhen, wo sie ihn hingelegt haben.

Krönung des jungen Königs in Frankreich.

Als König Heinrich alt genug war, um gekrönt zu werden, reiste er zusätzlich zum englischen Teil der Zeremonie nach Frankreich, um auch die Krone dieses Landes entgegenzunehmen. Die Zeremonie wurde, wie bei den französischen Königen üblich, in der Stadt St. Denis in der Nähe von Paris durchgeführt, wo sich eine alte königliche Kapelle befindet, in der alle großen religiösen Zeremonien im Zusammenhang mit der französischen Monarchie durchgeführt wurden. Die alten Chronisten geben einen sehr merkwürdigen Bericht über die Umzüge und Zeremonien, die zu diesem Anlass stattfanden. Der König reiste weiter nach Frankreich und reiste an der Spitze einer großen Kavalkade aus Rittern, Adligen und Soldaten, die sich auf viele tausend Männer belief, nach St. Denis, die alle mit Kleidern und Prachtstücken der prachtvollsten Art geschmückt waren . In St. Denis kamen die Behörden dem König entgegen, gekleidet in zinnoberrote Gewänder und mit prächtigen Bannern. Als der König durch die Tore ging, wurden ihm „drei purpurrote Herzen präsentiert, von denen in einem zwei Tauben waren, in dem anderen mehrere kleine Vögel, die man über seinem Kopf fliegen ließ, während das dritte mit Veilchen und Blumen gefüllt war.", die über die Herren geworfen wurden, die ihn begleiteten und ihm folgten."

An derselben Stelle erschien auch eine Gesellschaft der wichtigsten bürgerlichen Würdenträger der Stadt, die einen prächtigen Baldachin aus blauer Seide trugen, der auf die schönste Art und Weise mit königlichen Emblemen geschmückt und bestickt war. Diesen Baldachin hielten sie über dem König, als er in die Stadt vorrückte.

Kuriose Schönheitswettbewerbe.

An einer Stelle weiter, wo es eine kleine Brücke gab, die überquert werden musste, fand ein Fest statt, bei dem drei Wilde in einem mimischen Wald um eine Frau stritten. Die Wilden kämpften weiter, bis der König vorbeigekommen war. Als nächstes kam ein Brunnen, aus dem Wein floss und in dem Meerjungfrauen schwammen. Der Wein aus diesem Brunnen war für alle, die ihn trinken wollten, kostenlos.

Dann, noch weiter entfernt, erreichte die königliche Gesellschaft einen Ort, an dem auf einem großen, offenen Platz auf irgendeine Weise ein künstlicher Wald angelegt worden war. Als der König vorbeikam, fand in diesem Wald eine Verfolgungsjagd statt. Die Verfolgungsjagd bestand aus einem lebenden Hirsch, der von echten Hunden gejagt wurde. Der Hirsch kam und flüchtete zu den Füßen des Pferdes des Königs, und Seine Majestät rettete dem armen Tier das Leben.

Die Krönung.

So wurde der König zu seinem Palast geführt. Mehrere Tage wurden mit vorbereitenden Umzügen und Zeremonien wie den oben genannten verbracht, und dann fand die Krönung in der Kirche statt, wobei der König und seine Gruppe auf einer großen Plattform stationiert waren, die zu diesem Zweck an der auffälligsten Stelle des Gebäudes errichtet wurde.

1441. Das Bankett.

Nach der Krönung gab es ein großes Bankett, bei dem der König mit seinen Herren und hohen Staatsbeamten an einem Marmortisch in einem prächtigen antiken Saal saß. Henry Beaufort, der Bischof von Winchester, war neben dem König die Hauptperson bei all diesen Zeremonien. Gloucester war sehr eifersüchtig auf ihn wegen der herausragenden Rolle, die er in diesem Verfahren spielte.

Heinrich VI. in seiner Jugend.

Heinrich war zum Zeitpunkt seiner Krönung noch recht jung. Er war ein sehr hübscher Junge und sein Gesicht hatte einen milden und sanften Ausdruck.

Die Buße.

Der alte Streit brach erneut aus. Die Buße der Herzogin.

Der Streit zwischen dem Herzog von Gloucester und dem Bischof wurde in dieser Zeit einigermaßen gedämpft, teils durch den Einfluss des Herzogs von Bedford zu seinen Lebzeiten, teils dadurch, dass Gloucesters Gedanken sich weitgehend mit anderen Dingen beschäftigten , insbesondere mit seinen Feldzügen in Frankreich; denn er war während der Zeit der Minderheit des Königs an vielen wichtigen Militärexpeditionen in diesem Land beteiligt. Schließlich kehrte er jedoch nach England zurück, und dort, als der König etwa zwanzig Jahre alt war, brach der Streit zwischen ihm und der bischöflichen Partei erneut aus. Der König selbst war jedoch inzwischen alt genug, um sich an einer solchen Schwierigkeit zu beteiligen, und so wandten sich beide Seiten an ihn. Gloucester verfasste eine Reihe von vierundzwanzig Beschwerdepunkten gegen den Bischof. Der Bischof hingegen beschuldigte den Herzog des Verrats, und er beschuldigte insbesondere seine Frau, versucht zu haben, das Leben des Königs durch Hexerei zu zerstören. Die Herzogin wurde wegen dieser Anklage verurteilt, und es heißt, sie sei als Buße dazu verurteilt worden, barfuß mit einer brennenden Kerze in der Hand durch die öffentlichste Straße Londons zu gehen. Einige weitere Personen, denen die Mittäterschaft bei diesem Verbrechen vorgeworfen wurde, wurden hingerichtet.

Hexerei.

Die Hexerei, die diese Personen angeblich praktizierten, bestand darin, ein Wachsbild des Königs anzufertigen und es dann, nachdem es durch bestimmte Zaubersprüche und Beschwörungsformeln auf mysteriöse und magische Weise mit ihm verbunden wurde, nach und nach vor einem langsamen Feuer dahinzuschmelzen, Dadurch würde, wie angenommen wurde, der König selbst verkümmern und verdorren und schließlich sterben. Damals glaubte man allgemein, dass dies möglich sei.

Stellung des Königs.

Natürlich verschärften solche Verfahren den Streit nur noch mehr, und Gloucester wurde entschlossener und entschlossener denn je bei der Verfolgung seiner Intrigen, den Bischof seines Einflusses zu berauben und die Macht in seine eigenen Hände zu bringen. Obwohl der König den Kardinal bevorzugte, war er in seinem Wesen so ruhig und sanft und so wenig geneigt, sich aktiv an einem solchen Streit zu beteiligen, dass der Bischof ihn nicht dazu bewegen konnte, so entschieden zu handeln, wie er es wünschte. So kam er schließlich auf die Idee, eine sehr intelligente und fähige Prinzessin als Ehefrau für den König zu finden, in der Hoffnung, durch seinen Einfluss auf sie die Macht zu vergrößern, die er im Reich ausübte.

Von Beaufort erstelltes Schema.

Die Dame, die er zu diesem Zweck auswählte, war Margarete von Anjou.

KAPITEL IV.

Margarets Vater und Mutter.

1420. Provinzen Frankreichs.

In früheren Zeiten war das Gebiet, das heute Frankreich bildet, in eine große Anzahl separater Provinzen unterteilt, von denen jede fast einen eigenen Staat oder ein eigenes Königreich bildete. Diese verschiedenen Provinzen waren Eigentum von Herren, Herzögen und Baronen, die wie so viele kleine Könige mit fast uneingeschränkter Macht über sie herrschten, obwohl sie alle eine allgemeine Treue zu den Königen von Frankreich oder England anerkannten. Die nördlicheren Provinzen gehörten zu England. Die Gebiete im Landesinneren und im Süden standen unter der Herrschaft Frankreichs.

Tolle Familien.

Die großen Familien, die diese Provinzen besaßen, herrschten in sehr herrschaftlicher Weise über sie. Sie betrachteten nicht nur das Territorium selbst, das sie besaßen, sondern auch das Recht, seine Bewohner zu regieren, als eine Art Eigentum, das wie jeder andere Besitz durch Erbrecht vom Elternteil auf das Kind übergehen und auf einen anderen übertragen werden konnte Eigentümer durch Vertrag oder Kapitulation, um einer Braut als ihr Heiratsteil zugeteilt zu werden oder auf eine andere Weise zu verfügen, die die herrschaftlichen Eigentümer bevorzugen könnten. Diese großen Familien erhielten ihren Namen von den Provinzen, über die sie herrschten.

Anjou. König René.

Eine dieser Provinzen war Anjou. [1] Der Vater von Margaret, dem Gegenstand dieser Geschichte, war eine berühmte Persönlichkeit namens Regnier oder René, allgemein König René genannt. Er war ein jüngerer Sohn der Familie, die über Anjou herrschte. Aus diesem Umstand leitet unsere Heldin den Namen ab, mit dem sie allgemein bezeichnet wird: Margarete von Anjou. Der Grund, warum ihr Vater *König* René genannt wurde, wird in der Fortsetzung ans Licht kommen.

Lothringen.

Eine weitere der oben genannten Provinzen Frankreichs war Lothringen. Lothringen war ein großes, schönes und sehr wertvolles Land im Osten Frankreichs. Anjou lag beträchtlich westlich davon.

1429. Hochzeit von René mit Isabella.

Der Name des Herzogs von Lothringen war zu dieser Zeit Charles. Er hatte eine Tochter namens Isabella. Sie war die Erbin aller Besitztümer ihres

Vaters. Sie war eine junge Dame von großer Schönheit, von hohem Geist und einer nach den damaligen Vorstellungen sehr gebildeten Ausbildung. Als René etwa vierzehn Jahre alt war, kam es zu einer Vermählung zwischen ihm und der damals erst etwa zehnjährigen Isabella . Die Hochzeit wurde mit großer Parade gefeiert und das junge Paar bezog seinen Wohnsitz in einem Palast namens Pont à Mousson, einem prächtigen Schloss, das Isabella von ihrem Vater als Brautgeschenk zum Zeitpunkt ihrer Hochzeit geschenkt wurde. Hier wurde erwartet, dass sie bis zum Tod ihres Vaters leben würden, wenn sie in den Besitz der gesamten Provinz Lothringen gelangen würden.

Geburt von Margarete.

Im Laufe der Zeit, als sie auf diesem Schloss lebten, bekamen René und Isabella mehrere Kinder. Margaret war die fünfte. Sie wurde 1429 geboren. Ihr Geburtstag war der 23. März.

Theophanie.

Der kleine Säugling wurde der Obhut einer Familienkrankenschwester namens Theophanie übergeben. Theophanie war eine altbewährte und sehr treue Hausfrau. Sie war nacheinander die Krankenschwester für alle Kinder von Isabella, und die Familie war so sehr an sie gebunden, dass René nach ihrem Tod ein wunderschönes Denkmal zu ihrer Erinnerung errichten ließ. Dieses Denkmal enthielt ein skulpturales Bild von Theophanie mit zwei der Kinder in ihren Armen.

1431.

Sehr bald nach ihrer Geburt wurde Margarete mit großem Pomp in der Kathedrale der Stadt Toul getauft. Zahlreiche hochrangige Verwandte waren Zeugen und nahmen an der Zeremonie teil.

Isabellas Onkel Antoine. Konflikt um den Besitz Lothringens.

Als schließlich Karl, Herzog von Lothringen, Isabellas Vater, starb und die Provinz an Isabella und René hätte fallen sollen, erschien plötzlich ein anderer Antragsteller, der nicht glaubte, er hätte ein besseres Recht auf die Provinz als Isabella, sondern dass er hatte mehr Macht, es zu ergreifen und zu halten als sie, trotz aller Hilfe, die ihr Mann René ihr leisten konnte. Dieser Kläger war Isabellas Onkel, der jüngere Bruder des gerade verstorbenen Herzogs Charles. Sein Name war Antoine de Vaudemonte oder, wie es auf Englisch ausgedrückt würde, Antonius von Vaudemont . Nach dem Tod von Isabellas Vater beschloss dieser Onkel, das Herzogtum an sich zu reißen, anstatt es an Isabella, die eigentliche Erbin, übergehen zu lassen, die, da sie nur eine Frau war, mit sehr wenig Respekt betrachtet wurde. „Lothringen", sagte er, „war ein zu edles und wertvolles Lehen, um von der Spindelseite in die Familie überzugehen."

Also versammelte er seine Anhänger und Gefolgsleute, stellte eine Armee auf und zog ins Feld. Isabella hingegen tat alles in ihrer Macht stehende, um die Menschen im Land davon zu überzeugen, sich ihrer Sache anzuschließen. René übernahm das Kommando über die Truppen, die in ihrem Namen aufgestellt wurden, und machte sich auf den Weg, um Antoine zu treffen. Isabella selbst begab sich mit den Kindern in die Stadt Nancy [2] – damals wie heute die Hauptstadt Lothringens und daher der sicherste Ort für sie – mit der Absicht, dort den Ausgang des Konflikts abzuwarten . Die kleine Margarete war zu diesem Zeitpunkt etwa zwei Jahre alt.

Der Kampf. René wird verwundet und gefangen genommen.

Die Schlacht wurde an einem Ort namens Bulgneville ausgetragen , und das Kriegsglück wendete sich in diesem Fall scheinbar gegen die Rechte, denn Renés Gruppe wurde vollständig besiegt und er selbst wurde verwundet und gefangen genommen. Er kämpfte wie ein Löwe, heißt es, solange er unverletzt blieb; aber schließlich erlitt er eine verzweifelte Wunde an der Stirn, und das Blut aus dieser Wunde lief ihm in die Augen und machte ihn blind, so dass er nichts mehr tun konnte; und er wurde sofort von den Männern, die ihn verwundet hatten, ergriffen und gefangen genommen. Die Person, die ihn auf diese Weise verwundete und gefangen nahm, war der Knappe eines bestimmten Ritters namens Graf St. Pol, der sich für Antoines Sache eingesetzt hatte.

Isabellas Schrecken und Kummer.

In der Zwischenzeit war Isabella mit den Kindern in Nancy geblieben, in einem Zustand höchster Spannung und Sorge, und wartete auf den Ausgang eines Konflikts, von dem das Schicksal aller Dinge abhing , die ihr wertvoll und lieb waren. Als sie schließlich am Fenster des Turms stand, wo sie mit der kleinen Margarete auf dem Arm auf das Kommen eines Herolds ihres Mannes wartete, um seinen Sieg anzukündigen, sank ihr das Herz, als sie sah, dass es sich nicht um einen Boten der Freude und der Freude handelte Triumph, eine gebrochene Menge von Flüchtlingen, atemlos und mit Staub und Blut bedeckt, die plötzlich in Sicht kamen und durch ihren Anblick des Schreckens und der Verzweiflung zu deutlich zeigten, dass alles verloren war. Isabella war überwältigt von Bestürzung bei diesem Anblick. Sie drückte die kleine Margaret fest in ihre Arme und rief mit unbeschreiblicher Qual: „Mein Mann wurde getötet! Mein Mann wurde getötet!"

Schwere Neuigkeiten.

Ihr Kummer und ihre Angst wurden etwas gemildert, als die Flüchtlinge ihr bei ihrer Ankunft versicherten, dass ihr Mann in Sicherheit sei, obwohl er verwundet und gefangen genommen worden sei.

Not von Margarets Mutter.

Mitgefühl für Isabella. Isabellas Interview mit ihrem Onkel.

Die gesamte Bevölkerung von Nancy empfand großes Mitgefühl für Isabella in ihrer Not. Sie war sehr jung und sehr schön. Auch ihre Kinder und besonders Margaret waren sehr schön, was das Mitgefühl, das die Menschen für sie hegten, noch verstärkte. Isabellas Mutter war stark geneigt, neue Anstrengungen zu unternehmen , um eine Armee aufzustellen , um Antoine erneut zu treffen und gegen ihn zu kämpfen. Aber Isabella selbst, die nun mehr um die Sicherheit ihres Mannes als um die Wiedererlangung ihrer Herrschaft besorgt war, war bereit, einen versöhnlichen Kurs einzuschlagen. Sie teilte ihrem Onkel mit, dass sie ihn sehen wolle, und bat ihn, ihr ein Interview zu gewähren. Antoine kam ihrer Bitte nach und beim Vorstellungsgespräch flehte Isabella ihren Onkel an, mit ihr Frieden zu schließen und ihr ihren Mann zurückzugeben.

Friedensverhandlungen.

Antoine sagte, dass es nicht in seiner Macht stünde, René zu befreien, denn er hatte ihn der Obhut des Herzogs von Burgund übergeben, der im Krieg sein Verbündeter gewesen war, und der Herzog hatte ihn auf sein Schloss in Dijon gebracht, und Er habe ihn dort eingesperrt und er sei wohl nicht mehr bereit gewesen, ihn ohne Zahlung eines Lösegelds herauszugeben. Er sagte jedoch, dass er bereit sei, mit Isabella einen sechsmonatigen Waffenstillstand zu schließen, um Zeit zu haben, um zu sehen, welche Vereinbarung getroffen werden könne.

Geiseln.

Dieser Waffenstillstand wurde vereinbart und schließlich, nach langen Verhandlungen, wurden Friedensbedingungen geschlossen. René sollte dem Herzog von Burgund eine große Lösegeldsumme zahlen und in der

Zwischenzeit , während er das Geld beschaffte, seine beiden Söhne in den Händen des Herzogs als Geiseln zurücklassen , damit sie vom Herzog festgehalten würden als Sicherheit. In Bezug auf Lothringen bestand Antoine als weitere Friedensbedingung darauf, dass Isabellas älteste Tochter, Yolante , damals etwa neun Jahre alt, mit seinem Sohn Frederick verlobt werden sollte, um zumindest in der nächsten Generation die beiden zu vereinen widersprüchliche Ansprüche der beiden Parteien auf den Besitz des Territoriums; und um die Erfüllung dieser Bedingung sicherzustellen, sollte Yolante sofort der Obhut und Obhut von Antoines Frau, der Mutter ihres zukünftigen Mannes, übergeben werden. So wurden ihr alle Kinder außer Margaret weggenommen. Und selbst Margaret, die vorerst bei ihrer Mutter blieb, konnte sich nicht entziehen, in die Verwicklungen des Vertrags verwickelt zu werden. Antoine bestand darauf, dass auch sie mit einem seiner Anhänger verlobt werden sollte; und um den Fall für René und Isabella so schmerzlich und demütigend wie möglich zu machen, wählte sie als ihren zukünftigen Ehemann genau den Grafen St. Pol aus, dessen Knappe René in der Schlacht von Bulgneville niedergemetzelt und gefangen genommen hatte .

Harte Friedensbedingungen. René kann das Geld für sein Lösegeld nicht auftreiben.

Diese Bedingungen waren sehr hart, aber Isabella stimmte ihnen zu, denn nur dadurch schien ihr jede Hoffnung auf die Freilassung ihres Mannes eröffnet zu werden. Und selbst diese Hoffnung erwies sich am Ende als trügerisch. René stellte fest, dass er trotz aller Bemühungen nicht in der Lage war, das Geld zu beschaffen, das der Herzog für sein Lösegeld verlangte. Um seine Jungen zu retten, die er dem Herzog als Geiseln übergeben hatte, musste er daher nach Dijon zurückkehren und sich erneut als Gefangener übergeben. Es war herzzerreißend, dass er sich von seiner Frau und seinen Kindern trennte, bevor er sich ein zweites Mal in eine Haft begab, deren Ende sie nun nicht mehr absehen konnten. Sogar die kleine Margarete, die noch so jung war, schloss sich aus Mitgefühl der allgemeinen Trauer an und weinte bitterlich, als ihr Vater wegging.

Seine lange Haft.

Der Herzog sperrte seinen Gefangenen in einem oberen Raum in einem hohen Turm der Burg von Dijon ein und hielt ihn dort mehrere Jahre lang gefangen. Einer der Jungen blieb bei ihm, der andere wurde freigelassen. Die ganze Zeit blieb Margaret bei ihrer Mutter. Sie war ein sehr schönes und sehr intelligentes Kind und war bei allen, die sie kannten, sehr beliebt. Das Interesse, das durch ihre Schönheit und ihre anderen persönlichen Reize geweckt wurde, wurde durch das allgemeine Mitgefühl, das man für das Unglück ihres Vaters und die Einsamkeit und Not ihrer Mutter empfand, noch verstärkt.

In der Zwischenzeit machte sich René, eingesperrt im Turm des Schlosses von Dijon, so zufrieden, wie er konnte, und verbrachte seine Zeit mit verschiedenen friedlichen und genialen Beschäftigungen. Obwohl er im Kampf mit Antoine gut gekämpft hatte, war er tatsächlich überhaupt nicht kriegerisch veranlagt. Er liebte Musik, Poesie und Malerei sehr; und während seiner Haft verbrachte er seine Freizeit damit, wunderschöne Miniaturen und Gemälde auf Glas nach der damaligen Art anzufertigen. Einige dieser Gemälde blieben mehrere hundert Jahre lang im Fenster einer Kirche in Dijon, wo sie kurz nachdem René sie gemalt hatte, angebracht wurden.

Ursprung von Renés Königstitel.

Es wurde bereits erwähnt, dass der Name, unter dem Margarets Vater allgemein bezeichnet wird, König René ist. Der Ursprung dieses königlichen Titels soll nun erklärt werden. Er hatte einen älteren Bruder, der durch Erbschaft mit seiner Frau Johanna König und Königin beider Sizilien wurde , also des Königreichs bestehend aus der Insel Sizilien und dem mit Neapel verbundenen Gebiet auf dem Festland. Am Ende seines Lebens ernannte der Bruder René zu seinem Erben. Dies geschah im Jahr 1436, als René noch im Schloss von Dijon gefangen gehalten wurde. Er konnte selbstverständlich nichts tun, um seine Ansprüche auf dieses neue Erbe geltend zu machen, doch Isabella nahm sofort den Titel der Königin beider Sizilien an für sich selbst und begann sofort mit den Vorbereitungen für die Weiterreise nach Italien und die Inbesitznahme des Königreichs.

Isabella und die Kinder in Tarascon .

Tarascon am Ufer der Rhone nieder , zusammen mit den beiden Kindern, die in ihrer Obhut blieben, nämlich ihrem Sohn Louis und Margaret. Ihr anderer Sohn war mit seinem Vater in Dijon, und die andere Tochter, Yolante , war, wie bereits gesagt, der Obhut der Frau von Antoine übergeben worden, mit der Absicht, sie zu heiraten, sobald sie alt wäre genug, für Antoines Sohn.

Tarascon große Aufmerksamkeit . Ihre Mutter Isabella war von Geburt an eine hochrangige Dame, deren Familie eng mit der königlichen Familie Frankreichs verbunden war. Auch sie war nun, zumindest dem Titel nach, selbst eine Königin. Die Kinder waren sehr intelligent und schön, und das Unglück und die grausame Gefangenschaft ihres Vaters und Bruders waren im ganzen Land bekannt und es wurde darüber gesprochen. Deshalb drängten sich die Bauern und ihre Familien um das Schloss, um die Kinder zu sehen. Sie brachten ihnen Blumenkränze und andere Votivgaben. Sie sangen Lieder zum Ständchen und zündeten nachts um die Mauern des

Schlosses Freudenfeuer an, um die Seuche zu vertreiben , die damals in einigen Teilen des Landes vorherrschte und große Besorgnis erregte.

Hexen und die Pest.

Die Menschen im Land glaubten, dass diese Pest durch Magie und Hexerei verursacht wurde, und es gab einige arme alte Frauen, die mit den anderen Bauern zu den Mauern des Schlosses von Tarascon kamen , um die Kinder zu sehen, bei denen es sich vermutlich um Hexen handelte. Danach brach in Tarascon die Pest aus und Margarets Mutter musste mit den Kindern weggehen. Die armen Frauen wurden jedoch gefangen genommen und auf dem Scheiterhaufen verbrannt, da allgemein angenommen wurde, dass sie die Pest verursacht hatten.

Isabella geht nach Italien.

Isabellas Arrangements waren nun so weit ausgereift, dass sie sofort mit den Kindern nach Italien ging und dort in der Stadt Capua ihren Wohnsitz aufnahm. René blieb immer noch in Gefangenschaft, doch Isabella ließ ihn mit großem Prunk und Prunk zum König beider Sizilien ausrufen. Zum Zeitpunkt dieser Zeremonie saßen die beiden Kinder, Margarete und ihr Bruder, neben ihrer Mutter in einer großen Prunkkutsche, die mit Samt ausgekleidet und mit Gold bestickt war, und wurden auf diese Weise durch die Straßen der Stadt befördert .

René wird endlich freigelassen.

Nach einiger Zeit wurde René aus seiner Gefangenschaft befreit und zu seiner Familie zurückgebracht, doch er konnte sich nicht lange über die scheinbare Rückkehr des Wohlstands freuen. Sein Anspruch auf das Königreich Neapel war umstritten und nach einem Konflikt wurde er aus dem Land vertrieben. Inzwischen hatten die Engländer ihre Eroberungszüge in Frankreich so weit ausgedehnt, dass sowohl seine Heimatprovinz Anjou als auch die Erbschaften seiner Frau in Lothringen in ihre Hände gefallen waren, so dass sie bei aller aristokratischen Vornehmheit ihrer Abstammung und der Größe blieben Trotz ihrer königlichen Titel war die Familie nun sozusagen ohne Haus und Heim. Sie kehrten nach Frankreich zurück, und Isabella fand mit den Kindern von Zeit zu Zeit Zuflucht bei der einen oder anderen der großen Familien, mit denen sie verwandt war, während René ein Wanderleben führte und oft in einen Zustand großer Armut geriet.

Sein Temperament und seine Veranlagung. Der Kamin von König René.

Er ertrug sein Unglück jedoch mit einem sehr ruhigen Gemüt und vergnügte sich, wo immer er war, mit Musik, Poesie und Malerei. Er war dabei so fröhlich und gutmütig, dass er sich zu einem sehr angenehmen Begleiter machte und als Besucher überall willkommen war. Er behielt den

Namen König René, solange er lebte, obwohl er ein König ohne Königreich war. Es heißt, er sei einst in einer solchen Notlage gewesen, dass er, um sich aufzuwärmen , in den Straßen von Marseille auf der Sonnenseite der Gebäude hin und her ging , ein Umstand, der zu einem seit langem bekannten Sprichwort führte in jenen Teilen zitiert, der den Vorgang, in die Sonne zu gehen, um der Kälte zu entfliehen, als Aufwärmen am Kaminfeuer von König René bezeichnete.

Aus dieser Familie stammte Margarete von Anjou.

KAPITEL V.

KÖNIGLICHE WERBUNG.

1444. Margarets Talente und Leistungen. Heiratsangebote.

Als Margaret nicht älter als vierzehn oder fünfzehn Jahre war, wurde sie für ihre Schönheit und Leistungen sowie für die bezaubernde Lebhaftigkeit ihrer Gespräche und ihres Auftretens sehr gefeiert. Sie lebte mit ihrer Mutter in verschiedenen Familien in Lothringen und anderen Teilen Frankreichs und hielt sich manchmal am Hofe der Königin von Frankreich auf, die ihre nahe Verwandte war. Alle, die sie kannten, waren von ihr entzückt. Sie galt sowohl wegen ihrer Talente als auch wegen ihrer Schönheit als bemerkenswert. Die in ihrer Kindheit getroffene Vereinbarung, sie mit dem Grafen von St. Pol zu heiraten, wurde abgebrochen, aber ihrer Mutter wurden mehrere andere Heiratsangebote gemacht, von denen jedoch keines angenommen wurde. Isabella war sehr stolz auf ihre Tochter und hegte sehr hohe Erwartungen an ihr zukünftiges Schicksal. Sie neigte daher überhaupt nicht dazu, sich bei der Vorbereitung ihrer Ehe zu beeilen.

Stand der Dinge in England. Henrys Charakter.

In der Zwischenzeit war die Fehde zwischen den Onkeln und Verwandten König Heinrichs in England, wie im vorangegangenen Kapitel beschrieben, im Gange und erreichte nun ihren Höhepunkt. Die Anführer der beiden rivalisierenden Parteien waren, wie man sich erinnern wird, einerseits Henry Beaufort, Bischof von Winchester, oder Kardinal Beaufort, wie er häufiger genannt wurde, der während seiner Minderjährigkeit die persönliche Obhut des Königs gehabt hatte, und andererseits der Herzog von Gloucester, Heinrichs Onkel, der zur gleichen Zeit Regent von England gewesen war, auf der anderen Seite. Der König selbst war jetzt etwa vierundzwanzig Jahre alt, und wenn er ein energischer und entschlossener Mann gewesen wäre, hätte er vielleicht die wütenden Streitenden unter Kontrolle bringen und sie, indem er die Regierung vollständig in seine eigenen Hände nahm, zum Leben gezwungen zusammen in Frieden unter seiner höchsten Autorität. Aber Henry war ein sehr schüchterner und schwachsinniger Mann. Die Aufregung und Ungestümheit seiner Onkel und ihrer Parteigänger in ihrem Streit war insgesamt zu groß, als dass er sie hätte kontrollieren können. Tatsächlich war die große Frage bei ihnen, wer die Mittel finden sollte, um die größte Kontrolle über *ihn* auszuüben .

Pläne der Höflinge.

Um dieses Ziel zu erreichen, begannen beide Parteien sehr früh mit Plänen und Manövern im Hinblick auf die Wahl einer Frau für den König. Welcher der beiden großen Führer es auch schaffen sollte, die Heirat des Königs auszuhandeln, sie wussten genau, dass er dadurch seinen Einfluss am Hofe in absoluter Weise festigen würde.

Prinzen und Könige. Ihre Ehepläne.

Fürsten und Könige hatten damals, wie auch heute noch in erheblichem Maße, mit einigen besonderen Schwierigkeiten zu kämpfen, wenn es darum ging, ihre ehelichen Vereinbarungen zu treffen, zumindest was die Erfüllung persönlicher Vorlieben betraf, die sie möglicherweise selbst hegten zum Thema. Tatsächlich wurden diese Vereinbarungen im Allgemeinen für sie getroffen, während sie zu jung waren, um eine Stimme zu haben oder sich an der Frage zu beteiligen, und ihnen blieb nichts anderes übrig, als sie zu ratifizieren und in die Tat umzusetzen, wenn sie die Jahre der Reife erreichten. was ihre Eltern oder große Staatsräte als Kinder für sie beschlossen hatten, oder sich zu weigern, es zu ratifizieren und zu bestätigen, war mit enormen Schwierigkeiten und politischen Verstrickungen und vielleicht sogar mit offenem und furchtbarem Krieg verbunden.

Peinlichkeiten. Schwierigkeiten, das Land zu verlassen.

Und selbst in den Fällen, in denen der Prinz oder König in einem Alter war, in dem er selbst urteilen konnte, bevor irgendwelche Vorkehrungen für ihn getroffen wurden, was im Fall Heinrichs VI. der Fall war, war er in seiner Entscheidung, ob er oder sie es tun sollte, immer noch sehr verlegen und eingeschränkt versuchte, sich eine Frau auszusuchen . Er konnte keine ausländischen Höfe besuchen und dort die Prinzessinnen sehen, um selbst zu beurteilen, wer ihm am besten gefallen würde; Denn in jenen Tagen war es für Persönlichkeiten von beträchtlichem Rang oder Rang sehr unsicher, überhaupt fremde Länder zu besuchen, außer an der Spitze einer Armee und im Rahmen eines Feldzugs. Auch für jeden tatsächlich regierenden Monarchen war es besonders schwierig, sein Königreich zu verlassen, und zwar aufgrund der Fehden und Streitigkeiten, die in solchen Fällen immer auftraten, um die notwendigen Vorkehrungen für die Regierung des Königreichs zu treffen während seiner Abwesenheit.

Miniaturen. Situation von König Heinrich.

Aus diesen und verschiedenen anderen Gründen war ein König oder Prinz, der eine Frau wählen wollte, gezwungen, sich mit den Informationen über die einzelnen Kandidaten zu begnügen, die er über deren Charaktere vom Hörensagen und über Miniaturen und Porträts erhalten konnte ihre persönlichen Reize. Dies war insbesondere bei König Heinrich VI. der Fall. Jede der beiden großen Parteien, die des Kardinals Beaufort einerseits und die des Herzogs von Gloucester andererseits, war bestrebt, dem König eine Braut zu verschaffen, und beide blickten eifrig in alle Richtungen Sie planten, dieses Ziel zu erreichen, und jeder Versuch des Königs, das Königreich zu irgendeinem Zweck zu verlassen , hätte zweifellos dazu geführt, dass diese Parteien sofort einen Krieg eröffneten.

Plan des Herzogs von Gloucester.

Der Herzog von Gloucester und diejenigen, die mit ihm handelten, richteten ihre Augen auf drei Prinzessinnen einer bestimmten großen Familie, die das Haus Armagnac genannt wurde. Ihr Plan bestand darin, Verhandlungen mit diesem Haus aufzunehmen und Porträts der drei Prinzessinnen zu beschaffen, die nach England geschickt werden sollten, damit Heinrich seine Wahl treffen konnte. Für die Leitung der Geschäfte wurden Kommissare eingesetzt. Sie sollten die Verhandlungen eröffnen und die Porträts erhalten. Der Kardinal und seine Freunde waren natürlich sehr daran interessiert, den Erfolg dieses Plans zu verhindern, obwohl sie im damals gegenwärtigen Stadium der Angelegenheit natürlich Diskretion und Vorsicht walten lassen mussten, wenn sie offenen Widerstand dagegen äußerten .

Die drei Prinzessinnen von Armagnac. Ihre Porträts.

Der König legte bei den Anweisungen, die er den Auftraggebern in Bezug auf die Porträts gab, sehr genau nach, um möglichst vollkommen korrekte und faire Darstellungen der Originale sicherzustellen. Er wünschte, dass die Prinzessinnen durch den Künstler in seiner Darstellung überhaupt nicht geschmeichelt würden und dass sie bei ihren Sitzungen nicht auf ungewöhnlich elegante Weise gekleidet würden. Im Gegenteil, sie sollten „in ihren schlichten Röcken und ihren Gesichtern so, wie ihr seht, und ihrer Statur und ihrer Schönheit und der Farbe ihrer Haut und ihren Gesichtszügen, so wie sie wirklich sind" bemalt werden. Der Künstler wurde von den Auftraggebern auch angewiesen, die Bilder zügig fertigzustellen und nach England zu schicken, damit der König sie so schnell wie möglich sehen und seine Wahl zwischen den drei jungen Damen treffen könne, deren „Bilder" waren so vor ihn gelegt werden.

Der Plan scheitert.

Dieser Plan, dem König die Möglichkeit zu geben, zwischen den drei Prinzessinnen von Armagnac zu wählen, so schön er auch in allen Einzelheiten war, konnte nicht erfolgreich in die Tat umgesetzt werden; Denn der Vater dieser Prinzessinnen befand sich zufälligerweise zur gleichen Zeit in Verhandlungen mit dem König von Frankreich über die Heirat seiner Töchter, und er wollte die Verhandlungen mit Heinrich in der Schwebe halten, bis er sich darüber im Klaren war er könnte in diesem Viertel besser abschneiden oder auch nicht. So erfand er Mittel, die Arbeit des Künstlers zu unterbrechen und zu verzögern, um die Fertigstellung der Bilder eine Zeit lang hinauszuzögern.

in der Zwischenzeit damit beschäftigt waren, ihren Plan voranzutreiben, Heinrich dazu zu bewegen, eine dieser drei Prinzessinnen für seine Frau auszuwählen, war der Kardinal selbst nicht untätig. Er hatte von der schönen und gebildeten Margarete von Anjou gehört und nach eingehender Untersuchung und Überlegung beschloss er, sie zu seiner Kandidatin für die Ehre zu machen, Königin von England zu werden. Die Art und Weise, wie er es schaffte, das Thema zuerst dem König zur Kenntnis zu bringen, war folgende.

Champchevrier.

Es gab einen gewissen Mann namens Champchevrier, der im Verlauf der Kriege zwischen Frankreich und England in Anjou gefangen genommen worden war und nun von dem Ritter, der ihn gefangen genommen hatte, als Lösegeld festgehalten wurde. Er wurde jedoch nicht in strenger Haft gehalten, sondern durfte sich auf Bewährung in England auf freiem Fuß bewegen – das heißt auf sein Ehrenwort hin, dass er nicht fliehen und in sein Heimatland zurückkehren würde, bis sein Lösegeld eingegangen sei bezahlt.

Champchevrier vor Gericht.

Nun war dieser Champchevrier, obwohl er ein Gefangener war, von Geburt und Bildung her ein Gentleman; und während er aufgrund seiner Bewährung in England blieb, wurde er dort in die beste Gesellschaft aufgenommen, erschien oft am Hof und unterhielt sich häufig mit dem König. In einem dieser Interviews beschrieb er in sehr leuchtenden Worten die Schönheit und die bemerkenswerte Intelligenz von Margarete von Anjou. Es wird vermutet, dass er dazu von Kardinal Beaufort veranlasst wurde, der von seiner Bekanntschaft mit Margarete wusste und die Interviews zwischen Champchevrier und dem König arrangierte, um diesem die Gelegenheit zu geben, nebenbei mit Seiner Majestät über die Dame zu sprechen, sozusagen, und zwar auf eine Art und Weise, um den Verdacht des Königs nicht zu erregen, dass die Belobigungen von ihr, die er hörte, auf irgendwelche Heiratspläne zurückzuführen waren, die seine Höflinge für ihn ausgeheckt hatten.

Seine Gespräche mit dem König.

Wenn dies der geheime Plan des Kardinals war, so gelang ihm das vortrefflich. Die Neugier des Königs wurde stark geweckt durch die pikanten Berichte, die Champchevrier ihm über die strahlende Schönheit der jungen Margarete und ihre bezaubernde Lebhaftigkeit und ihren Witz gab.

Der König wünscht sich ein Bild.

„Ich würde sehr gerne ein Bild der jungen Dame sehen", sagte der König.

„Für Eure Majestät kann ich leicht ein Bild von ihr besorgen", antwortete Champchevrier , „wenn Eure Majestät mich zu diesem Zweck nach Lothringen beauftragen würde."

Champchevrier war der Ansicht, dass ein Auftrag des Königs, für seine Majestät geschäftlich nach Lothringen zu reisen, eine ausreichende Befreiung von den Verpflichtungen seiner Bewährung wäre.

Champchevriers Expedition.

Der König erteilte Champchevrier schließlich die erforderliche Vollmacht, das Königreich zu verlassen. Champchevrier gab sich nicht mit einer bloßen mündlichen Erlaubnis zufrieden , sondern verlangte vom König, ihm ein ordnungsgemäßes Geleitdokument zu geben, das ordnungsgemäß verfasst und mit dem Namen des Königs unterzeichnet war. Nach Erhalt dieses Dokuments verließ Champchevrier London und machte sich auf den Weg zu seiner Reise, wobei Art und Ziel der Expedition natürlich streng geheim gehalten wurden.

Der Graf von Suffolk.

Ein gewisser Adliger namens Earl of Suffolk wurde jedoch in dieser Angelegenheit zum Vertrauen des Königs zugelassen und von ihm mit Champchevrier in die Vereinbarungen einbezogen, die zur Durchführung des Plans getroffen werden sollten. Es scheint, dass er Champchevrier auf seiner Reise nach Lothringen begleitete, wo Margaret damals bei ihrer Mutter wohnte, und ihm dort bei den Vorbereitungen für die Malerei des Bildes behilflich war. Zu diesem Zweck beschäftigten sie einen der ersten Künstler Frankreichs. Als das Werk beendet war, machte sich Champchevrier damit auf den Weg nach England.

Champchevrier in Gefahr.

In der Zwischenzeit erfuhr der englische Ritter, dessen Gefangener Champchevrier war, auf irgendeine Weise, dass sein Gefangener England verlassen und nach Frankreich zurückgekehrt sei, und die Nachricht machte ihn außerordentlich wütend. Er glaubte, dass Champchevrier gegen seine Bewährungsauflagen verstoßen hatte und nach Hause gegangen war, ohne sein Lösegeld zu zahlen. Eine solche Tat galt damals als äußerst unehrenhaft, und darüber hinaus galt es nicht nur als unehrenhaft, wenn ein Gefangener selbst seine Bewährung brach, sondern auch gegenüber jedem anderen, der ihm dabei half oder ihn begünstigte ihn nach seiner Flucht beherbergen oder beschützen. Der Ritter beschloss daher, sich unverzüglich mit dem König von Frankreich über die Angelegenheit in Verbindung zu setzen, die Umstände zu erläutern und ihn zu bitten, den vermeintlichen Flüchtling erneut festzunehmen und zurückzuschicken.

Also ging er zum Herzog von Gloucester, schilderte ihm den Fall und bat ihn, an den König von Frankreich zu schreiben, ihm mitzuteilen, dass Champchevrier seiner Bewährung entkommen sei, und ihn zu bitten, ihm keine Zuflucht zu gewähren, sondern ihn festzunehmen und schick ihn zurück. Gloucester war dazu sehr bereit. Es ist wahrscheinlich, dass er wusste, dass Champchevrier ein Freund des Kardinals war , oder dass er zumindest an seinen Interessen festhielt, und dass es durchaus wahrscheinlich war, dass seine Reise nach Frankreich mit einer Verschwörung oder einem Plan verbunden war, den der Kardinal und seine Freunde verfolgten Die Partei sollte daraus einen Vorteil ziehen. Also schrieb er den Brief und er wurde sofort an den König von Frankreich geschickt. Der König von Frankreich war zu dieser Zeit Karl VII.

Als der König den Brief erhielt, gab er sofort den Befehl , Champchevrier zu verhaften. Zu diesem Zeitpunkt war das Gemälde jedoch fertig und Champchevrier war damit auf dem Weg von Lothringen nach England. Er wurde auf seiner Reise abgefangen, nach Vincennes gebracht und dort König Karl vorgeführt und aufgefordert, über sich selbst Rechenschaft abzulegen.

Natürlich war er jetzt verpflichtet, die ganze Geschichte zu erzählen. Er sagte, er habe weder gegen seine Bewährung verstoßen noch die Absicht gehabt, seinen Entführer in England in irgendeiner Weise um das ihm zustehende Lösegeld zu betrügen, sondern sei *auf Befehl des Königs von England nach Frankreich gekommen* . Er erklärte auch, weshalb er gekommen war, und zeigte Charles das Gemälde, das er dem König zurückbringen wollte. Als Beweis für die Richtigkeit seiner Aussage legte er auch das Geleit vor, das König Heinrich ihm gegeben hatte.

König Charles lachte sehr herzlich, als er diese Erklärung hörte und erkannte, wie geschickt er das Geheimnis von König Heinrichs Liebesaffären entdeckt hatte. Er war auch sehr erfreut über die Idee, dass König Heinrich Gefallen an einer Dame finden würde, die so eng mit der königlichen Familie von Frankreich verwandt war. Er dachte, dass er die Aushandlung einer solchen Ehe zum Anlass nehmen könnte, zu günstigen Bedingungen Frieden mit England zu schließen . Deshalb entließ er Champchevrier sofort und empfahl ihm, so schnell wie möglich nach England zu reisen und dort alles in seiner Macht Stehende zu tun, um König Heinrich dazu zu bewegen, Margarete als seine Königin zu wählen.

Champchevrier kehrte daraufhin nach England zurück und berichtete über das Ergebnis seiner Mission. Der König war sehr zufrieden mit dem Gemälde und beschloss sofort, Champchevrier erneut nach Lothringen zu schicken, um eine geheime Mission zu Margarets Mutter zu erfüllen. Zunächst beschloss er jedoch, Champchevrier vollständig aus seiner Bewährungsstrafe zu entlassen, und so zahlte er selbst das Lösegeld, für das er festgehalten worden war. Der Herzog von Gloucester beobachtete all diese Vorgänge mit einem sehr eifersüchtigen Auge. Als er herausfand, dass Champchevrier nach seiner Rückkehr nach England sofort an den Hof des Königs kam und dort häufige, geheimnisvolle Konferenzen mit dem König und dem Kardinal abhielt, und als er darüber hinaus erfuhr Als der König das dem Ritter geschuldete Lösegeld gezahlt hatte und Champchevrier wieder weggeschickt werden sollte, ahnte er sofort, was vor sich ging, und der ganze Hof geriet bald in große Aufregung über die geplante Heirat von Champchevrier der König an Margarete von Anjou.

Gloucesters Opposition. Margaret gewinnt den Sieg. Waffenstillstand vorgeschlagen.

Der Herzog von Gloucester und seine Partei waren natürlich entschieden gegen Margarete von Anjou; denn sie wussten genau, dass ihre Ernennung zur Königin von England ihre Hoffnungen und Erwartungen für alle kommenden Zeiten beinahe zunichte machen würde, da sie von der anderen Partei dem König zur Kenntnis gebracht worden war. Die andere Partei trat ebenso entschieden und energisch für die Ehe ein. Es folgte ein langer Kampf, bei dem es auf der einen und anderen Seite zu Verschwörungen und Gegenplänen kam und zu Manövern ohne Ende. Schließlich setzten sich die Freunde der schönen kleinen Margaret durch; und im Jahr 1444 wurden von den Regierungen Englands und Frankreichs offiziell Kommissare ernannt, die sich an einem bestimmten Tag in der Stadt Tours trafen, um einen Waffenstillstand zwischen den beiden Ländern auszuhandeln und einen dauerhaften Frieden vorzubereiten, dessen Grundlage und Zement darin bestand, Frieden zu schließen sei die Hochzeit von König Heinrich mit Margarete von Anjou. Der Waffenstillstand wurde für zwei Jahre geschlossen, um Vollzeit zu haben, um alle Einzelheiten sowohl für einen Frieden zwischen den beiden Ländern als auch hinsichtlich der Bedingungen der Ehe zu regeln.

Opposition in England.

Sobald die Nachricht, dass dieser Waffenstillstand geschlossen wurde, in England eintraf, löste dies große Aufregung aus. Der Herzog von Gloucester und diejenigen, die mit ihm daran interessiert waren, die Durchführung der Ehe zu verhindern, gründeten eine mächtige politische Partei, um sich dagegen zu wehren. Sie erhoben jedoch keine offenen Einwände gegen die Heirat selbst, da sie dies für unpolitisch hielten, sondern richteten ihre

Feindseligkeit hauptsächlich gegen den Plan, mit Frankreich Frieden zu schließen, gerade zu der Zeit, als der Ruhm der englischen Waffen und der Fortschritt der ... Die englische Macht in diesem Land war auf ihrem Höhepunkt. Es sei für die Berater des Königs sehr schändlich, sagten sie, dass sie ihm raten sollten, die Eroberungskarriere, die seine Armeen verfolgten, abzubrechen und so die großen Vorteile für das Reich England zu opfern, die gerade in greifbarer Nähe waren.

Heftige Diskussionen. Suffolk ist alarmiert.

Die Diskussionen und Meinungsverschiedenheiten, die es im Gericht und im Parlament zu diesem Thema gab, waren sehr heftig; Aber am Ende hatten Kardinal Beaufort und seine Partei Erfolg, und der König ernannte den Grafen von Suffolk zum außerordentlichen Botschafter am französischen Hof, um die Bedingungen und Konditionen des dauerhaften Friedens auszuhandeln, der zwischen den beiden Ländern geschlossen werden sollte die Hochzeit des Königs. Suffolk war zunächst nicht bereit, diese Botschaft zu übernehmen. Er befürchtete, dass er, um die Wünsche des Königs zu erfüllen, gezwungen sein würde, so wichtige Zugeständnisse an Frankreich zu machen , dass er zu einem späteren Zeitpunkt, wenn vielleicht die Partei des Herzogs von Gloucester an die Macht kommen sollte, dafür verantwortlich gemacht werden könnte für das Maß, und möglicherweise wegen Hochverrats vor Gericht gestellt und verurteilt werden, da er das Mittel war, die Interessen und die Ehre des Königreichs zu opfern, indem er einen unehrenhaften Frieden beriet und aushandelte. Diese Befürchtungen verstärkten sich wahrscheinlich durch die Intensität der Aufregung, die er in der Gloucester-Partei wahrnahm, und vielleicht auch durch offene Drohungen und Demonstrationen, die sie möglicherweise ausdrücklich ausdrückten, um ihn einzuschüchtern.

Sein sicheres Geleit.

Jedenfalls verließ ihn nach Erhalt der Ernennung der Mut, und er bat den König, ihn von der Ausführung eines so gefährlichen Auftrags zu entschuldigen. Der König war dazu jedoch nicht bereit. Schließlich einigte man sich darauf, dass der König dem Grafen seinen schriftlichen Befehl übermitteln sollte, der in gebührender und feierlicher Form ausgeführt und mit dem großen Siegel unterzeichnet werden sollte, und ihm mit königlicher Autorität befehlen sollte, die Botschaft zu unternehmen. Suffolk stützte sich auf dieses Dokument, um sich vor jeglicher rechtlichen Verantwortung für seine Taten zu schützen, für den Fall, dass seine Feinde es zu einem späteren Zeitpunkt in der Macht hätten, ihn dafür vor Gericht zu stellen.

Verschiedene Schwierigkeiten und Einwände.

Bei der Aushandlung des Friedens und bei der Regelung der Bedingungen der Ehe standen zahlreiche Schwierigkeiten im Weg, die aber schließlich alle überwunden wurden. Eine dieser Schwierigkeiten wurde von König René, dem Vater von Margaret, verursacht. Er erklärte, er könne nicht zustimmen, seine Tochter dem König von England zur Frau zu geben, es sei denn, der König würde ihm und seiner Familie zunächst die Provinz Anjou zurückgeben, die im Besitz seiner Vorfahren gewesen war, über die aber die Armeen König Heinrichs verfügten überrannt und erobert. Der Earl of Suffolk war überhaupt nicht bereit, dieses Gebiet zurückzugeben, denn er wusste sehr gut, dass nichts in England so unpopulär sein oder die Feindseligkeit des englischen Volkes gegenüber der geplanten Heirat verstärken und folglich neues Leben und Leben einhauchen würde Der Gloucester-Partei wurde in ihrem Widerstand dagegen Kraft verliehen, da sie Gebiete wieder aufgab, die die englischen Truppen durch so viele erbitterte Schlachten und das Opfer so vieler Leben gewonnen hatten. Aber René war unflexibel und Suffolk gab schließlich nach, und so wurde Anjou seinen früheren Besitzern zurückgegeben.

Der König verlangt keine Mitgift.

Ein weiterer Einwand, den René vorbrachte, war, dass sein Vermögen nicht ausreichte, um seine Tochter für eine so glänzende Ehe angemessen auszustatten; er habe nicht die Möglichkeit, sie auf geeignete Weise nach England zu schicken, sagte er.

Aber das, sagte der König von England, sollte keinen Unterschied machen. Alles, was er verlangte, war die Hand der Prinzessin ohne Mitgift. Ihr persönlicher Charme und ihre geistige Begabung reichten aus, um alle Reichtümer der Welt zu übertreffen; und wenn ihr königlicher Vater und ihre königliche Mutter sie König Heinrich als seine Braut gewähren würden, würde er nicht darum bitten, mit ihr „weder einen Penny noch einen Heller" zu erhalten.

Der König hat einen Rivalen. Margarets Wünsche.

König Heinrich war umso bestrebter, die Verhandlungen über die Ehe so schnell wie möglich abzuschließen und fast allen Bedingungen zuzustimmen, die der König von Frankreich und René verlangen könnten, da es einen jungen Prinzen aus dem Hause von gab Burgund – ein sehr mutiger, gutaussehender und gebildeter Mann –, der sich auch um Margarets Hand bewarb und sehr an ihr hing. Dieser junge Prinz befand sich zu dieser Zeit in Frankreich und war jederzeit bereit, jede Schwierigkeit, die sich in den Verhandlungen mit Heinrich ergeben könnte, auszunutzen, um seine Ansprüche durchzusetzen und vielleicht den Preis zu entführen. Welchen der beiden Kandidaten Margaret selbst den Vorzug gegeben hätte, lässt sich nicht sagen. Sie war erst etwa fünfzehn Jahre alt und völlig in der Gewalt und zur

Verfügung ihres Vaters und ihrer Mutter. Und dann waren die politischen und familiären Interessen , die bei der Entscheidung der Frage auf dem Spiel standen, zu groß, als dass die persönlichen Vorlieben des jungen Mädchens selbst berücksichtigt werden könnten.

Die Angelegenheit wurde schließlich geklärt.

Zu guter Letzt Alles war geregelt, und Suffolk kehrte nach England zurück und brachte den Friedensvertrag und den Ehevertrag mit, die vom Rat des Königs und vom Parlament ratifiziert werden sollten. Nun kam es zu einem neuen Wettbewerb zwischen den Parteien Gloucester und Beaufort. Der König setzte natürlich seinen ganzen Einfluss auf die Seite des Kardinals, und so setzten sich der Vertrag und der Vertrag durch. Beide wurden ratifiziert. Der Earl of Suffolk wurde als Belohnung für seine Dienste zum Marquis ernannt und zum Stellvertreter des Königs ernannt, um nach Frankreich zu reisen und die Braut im Namen des Königs zu verloben, wie es bei königlichen Ehen üblich ist.

KAPITEL VI.

DIE HOCHZEIT.

Vorbereitungen für die Hochzeit. Aufregung.

Nun wurden sofort Vorbereitungen getroffen, um die Hochzeit feierlich zu feiern und die junge Königin sofort nach England zu bringen. Die Trauungszeremonie, durch die eine ausländische Prinzessin mit einem regierenden Prinzen vereint wurde, war nach damaligem Brauch zweigeteilt, oder besser gesagt, es mussten zwei unterschiedliche Zeremonien durchgeführt werden, bei einer davon war die Braut bei ihrem Vater Gericht, wurde durch Stellvertreter mit ihrem zukünftigen Ehemann vereint, und im zweiten wurde die Hochzeit nach ihrer Ankunft in seinem Königreich erneut mit ihrem Ehemann persönlich gefeiert. Suffolk wurde, wie im letzten Kapitel dargelegt, in diesem Fall als Stellvertreter des Königs für die Durchführung der ersten dieser Zeremonien ernannt. Er sollte nach Frankreich reisen, die Braut im Namen des Königs heiraten und sie nach England bringen. Natürlich breitete sich nun unter dem gesamten Adel und unter allen Hofdamen eine allgemeine Aufregung aus, die durch das Interesse aller an der bevorstehenden Hochzeit und den Wunsch, die Expedition zu begleiten, geweckt wurde.

Kleider. Unternehmen.

Viele der Lords und Ladys bereiteten sich darauf vor, sich Lord und Lady Suffolk anzuschließen. Es wurde nur über Kleidung, Ausrüstung , Geschenke und Einladungen gesprochen, und jeder war damit beschäftigt, Vorräte und Gepäck für eine lange Reise einzusammeln und zu packen. Schließlich kam die festgesetzte Zeit, und die Expedition machte sich auf den Weg, und nach einer mehrtägigen Reise kamen die verschiedenen Gruppen, aus denen sie bestand, in Nancy, der Hauptstadt Lothringens, an, wo die Zeremonie durchgeführt werden sollte.

König und Königin von Frankreich.

Etwa zur gleichen Zeit trafen der König und die Königin von Frankreich ein, begleitet von einer großen Schar Adliger und Herren des französischen Hofes, die die Hochzeit mit ihrer Anwesenheit würdigen sollten. Auch viele andere Ritter und Damen aus den Provinzen und Burgen des umliegenden Landes sahen, als der festgesetzte Tag näher rückte, in fröhlichen und prächtigen Kavalkaden in die Stadt kommen, begierig darauf, der Zeremonie beizuwohnen und mitzumachen Sie wussten genau, dass zur Erinnerung und Würdigung dieses Anlasses prächtige Festlichkeiten organisiert werden würden. Mit einem Wort, die ganze Stadt wurde zu einem einzigen strahlenden Schauplatz voller Fröhlichkeit, Leben und Aufregung.

Die Trauungszeremonie wurde in der Kirche mit großem Prunk und Parade und inmitten einer riesigen Menschenmenge vollzogen, bestehend aus dem höchsten Adel Europas, sowohl Herren als auch Damen, und alle in den prächtigsten und vornehmsten Kostümen gekleidet. Kein Schauspiel könnte prachtvoller und fröhlicher sein . Am Ende der Zeremonie wurde der Braut feierlich die Obhut von Lady Suffolk übertragen, die für ihre Sicherheit und ihr Wohlergehen verantwortlich sein sollte, bis sie in England ankam und dort in die Hände ihres Mannes übergeben wurde. Lady Suffolk war eine Cousine von Kardinal Beaufort, und diese sehr erhabene Ernennung erhielt sie zweifellos durch seine Gunst. Die Ernennung brachte viel Mäzenatentum und Einfluss mit sich, denn nun sollte ein regelmäßiger und erweiterter Haushalt für den Dienst der neuen Königin organisiert werden, und natürlich gab es unter allen aus England gekommenen Herren und Damen einen solchen ein sehr eifriger Wettbewerb um Plätze darin. Zu denen, die unter der Marquise von Suffolk zu Dienst- oder Ehrenämtern der Königin ernannt wurden, zählen fünf Barone und Baroninnen, siebzehn Ritter, fünfundsechzig Knappen und nicht weniger als einhundertvierundsiebzig Kammerdiener , neben vielen anderen Dienern, alle unterbezahlt. Darüber hinaus war der Eifer, eine anerkannte Position in der Schleppe der Braut einzunehmen, so groß , dass sich eine große Anzahl um Anstellungen für nominelle Ämter bewarb, für die sie kein Gehalt erhielten.

Der Express.

Wenn René, Margarets Vater, über ein seinem Stand entsprechendes Vermögen verfügt hätte, wären die Kosten für alle diese Vorkehrungen, zumindest bis zum Zeitpunkt der Abreise der Brautpartei, von ihm getragen worden; aber so wie es war, wurde alles von König Heinrich bezahlt, und der genaue Betrag aller Ausgaben ist in bestimmten alten Rechnungsbüchern verzeichnet, die sich noch heute in den alten englischen Archiven befinden.

Turnier. Die Sieger der Spiele.

Die Hochzeit der Prinzessin wurde mit einem Turnier und anderen begleitenden Festlichkeiten gefeiert, die acht Tage lang andauerten. Bei diesen Turnieren wurden viele Scheinkämpfe ausgetragen, bei denen die angesehensten anwesenden Persönlichkeiten auffällige und herausragende Rollen spielten. Der König von Frankreich selbst erschien in den Listen und kämpfte mit René, dem Vater der Braut. Der König wurde geschlagen. Es wäre unhöflich gewesen, wenn jemand den Vater der Braut bei einem Turnier zu Ehren der Hochzeit der Tochter besiegt hätte. Auch der Graf St. Pol, der früher mit Margarete verlobt war , sie aber nicht heiraten durfte, kämpfte sehr erfolgreich und gewann einen wertvollen Preis, der ihm mit großer Zeremonie von den beiden Händen verliehen wurde Es waren hochrangige

Damen anwesend, nämlich die Königin von Frankreich und Isabella von Lothringen, die Mutter der Braut. Vielleicht durfte auch er höflich seinen Sieg und seinen Ehrenpreis erringen, wenn man bedenkt, dass er den Verlust des eigentlichen Preises, den sein großer Konkurrent, der König von England, ihm so triumphierend entriss, so stillschweigend hinnahm.

Romantischer Vorfall. Große Flucht. Die Eltern beruhigten sich schließlich.

Die Feierlichkeiten der acht Tage wurden durch einen bemerkenswerten Vorfall unterbrochen und belebt, der eine Zeit lang ernsthafte Schwierigkeiten hervorzurufen drohte. Man wird sich daran erinnern, dass nicht nur das, als der ursprüngliche Vertrag und Vertrag zwischen René und dem Onkel von Isabella, Antoine von Vaudemonte , geschlossen wurde, als der Frieden zwischen ihnen wiederhergestellt wurde, nach der Schlacht, in der René gefangen genommen wurde Es wurde vereinbart, dass Margarete mit dem Grafen St. Pol verlobt werden sollte, aber auch, dass Yolante , Margarets ältere Schwester, mit Antoines Sohn Ferry, wie er genannt wurde, verlobt werden sollte. [3] Nun schien Ferry nicht bereit zu sein, den Verlust seiner Braut stillschweigend hinzunehmen, wie es St. Pol getan hatte , und da es ihm bisher noch nie gelungen war, René und Isabella dazu zu bewegen, ihre Vereinbarung zu erfüllen, indem er der Vollendung zustimmte Nachdem er die Ehe geschlossen hatte, beschloss er nun, die Angelegenheit selbst in die Hand zu nehmen. Also entwarf er den Plan für ein Elopement. Sein Plan war es, die Aufregung und Verwirrung, die das Turnier mit sich brachte, auszunutzen, um seine Braut zu entführen. Er organisierte eine Gruppe abenteuerlustiger junger Ritter, die bereit waren, ihm bei seinem Unternehmen zu helfen, und nachdem er heimlich und sorgfältig seine Pläne ausgearbeitet hatte, ergriff er mit der Unterstützung seiner Kameraden die junge Dame und galoppierte mit ihr an einen sicheren Ort, um sie zu erreichen sie dort in seiner eigenen Obhut zu behalten, bis König René und ihre Mutter ihrer sofortigen Heirat zustimmten. Als König René zum ersten Mal von der Entführung seiner Tochter hörte, war er sehr wütend und erklärte, dass er weder Ferry noch Yolante vergeben würde . Doch der König und die Königin von Frankreich traten für das Liebespaar ein, und René gab schließlich nach. Ferry und Yolante heirateten und alle Parteien schlossen wieder Freundschaften, woraufhin die Feierlichkeiten und Feierlichkeiten mit größerem Elan und Eifer als zuvor erneuert wurden.

Margaret verabschiedet sich von ihren Freunden.

Endlich war die Zeit für den Abschluss der öffentlichen Freuden in Nancy und für den Beginn von Margarets Reise nach England gekommen. Bisher war Margaret, obwohl sie nominell unter der Obhut und Obhut von Lord und Lady Suffolk stand, natürlich aufs engste mit ihrer eigenen Familie und ihren Freunden verbunden; Aber jetzt war die Zeit gekommen, in der sie endgültig Abschied von ihrem Vater und ihrer Mutter und von allen nehmen musste, die sie seit ihrer Kindheit gekannt und geliebt hatte, und sich wirklich und vollständig dem Vertrauen und der Obhut von Fremden anvertrauen musste, um von ihnen angenommen zu werden sie in ein fernes und fremdes Land. Der Abschied war sehr schmerzhaft. Es scheint, dass Margarets Schönheit und die bezaubernde Lebhaftigkeit ihrer Manieren sie überall beliebt gemacht hatten, und die Herzen nicht nur ihres Vaters und ihrer Mutter, sondern des gesamten Kreises derer, die sie gekannt hatten, waren bei dem Gedanken an den Abschied voller Kummer für immer bei ihr.

Aufbruch zur Prozession.

Der König und die Königin von Frankreich, die ihre Nichte offenbar mit aufrichtiger Zuneigung geliebt hatten, beschlossen, sie ein kurzes Stück zu begleiten, als sie ihre Reise von Nancy aus antrat. Natürlich waren auch viele Höflinge dabei. Diese bildeten zusammen mit der großen Zahl englischer Adliger und Adliger, die im Dienst der Braut standen, eine so große Truppe, und die Kleider, Schabracken und Dekorationen, die bei dieser Gelegenheit ausgestellt wurden, waren so prächtig und schön, dass die Kavalkade , als es am Morgen, an dem die Reise beginnen sollte, von der Stadt Nancy aus aufbrach, bildete einen der fröhlichsten und großartigsten Brautumzüge, die die Welt je gesehen hat.

Abschied vom König und der Königin von Frankreich.

Nachdem die Prozession fünf oder sechs Meilen zurückgelegt hatte, hielt sie an, damit der König und die Königin von Frankreich Abschied nehmen konnten. Der Abschied erfüllte die Herzen ihrer Majestäten mit Trauer. Der König schloss Margarete immer wieder in seine Arme, als er sich von ihr verabschiedete, und sagte ihr, dass es ihm schließlich so vorkam, als hätte er es tatsächlich getan, indem er sie auf einen der größten Throne Europas gesetzt hatte Ich habe nichts für sie getan, „denn selbst ein solcher Thron ist deiner kaum würdig, mein geliebtes Kind", sagte er. Als er das sagte, füllten sich seine Augen mit Tränen. Die Königin war so von Emotionen überwältigt, dass sie nicht sprechen konnte; Doch als sie Margaret immer wieder küsste, während sie schluchzte und weinte, wandte sie sich schließlich von ihr ab und wurde davongetragen.

Margarets Eltern.

An diesem Ort verabschiedeten sich Margarets Vater und Mutter nicht von ihr, sondern setzten ihre zweitägige Reise fort, bis in die Stadt Bar le Duc, die nahe der Grenze Lothringens lag. Hier verabschiedeten sich auch sie schließlich, obwohl ihre Herzen so erfüllt waren, als der Moment des endgültigen Abschieds kam, dass sie nicht sprechen konnten, sondern sich unter Tränen und Zärtlichkeiten von ihrem Kind verabschiedeten, ohne dass auch nur die geringsten Worte des Abschieds zu hören waren.

Die neuen Freunde der Braut.

Dennoch blieb Margaret nicht ganz allein unter Fremden, als ihr Vater und ihre Mutter sie verließen. Einer ihrer Brüder und einige andere Freunde sollten sie nach England begleiten. Darüber hinaus hatte sie zu diesem Zeitpunkt bereits gute Bekanntschaft mit dem Marquis und der Marchioness von Suffolk gemacht, unter deren Obhut und Schutz sie nun reiste, und sie hatte eine starke Bindung zu ihnen entwickelt. Sie waren beide schon weit fortgeschritten im Leben und zeigten ein ernstes und ruhiges Auftreten, aber sie waren in jeder Hinsicht sehr freundlich und aufmerksam zu Margaret und taten alles, was in ihrer Macht stand, um den Kummer zu lindern, den sie über die Trennung von ihren Eltern empfand und Freunden, und verließ ihr Heimatland, und sie bemühten sich auf jede erdenkliche Weise, ihr die Reise so angenehm und angenehm wie möglich zu machen.

Das Schiff. Gründe für Verzögerungen.

Während dieser ganzen Zeit wartete ein zu diesem Zweck aus England entsandtes Schiff in einem bestimmten Hafen namens Kiddelaws an der Nordküste Frankreichs darauf, die Königin und ihren Brautzug über den Kanal zu bringen. Die Entfernung von Nancy zu diesem Hafen war sehr beträchtlich , und die damaligen Reisemöglichkeiten und -möglichkeiten waren so unvollständig, dass die Reise zwangsläufig viel Zeit in Anspruch nahm. Darüber hinaus kam es aufgrund fehlender Mittel zu einer langen Verzögerung. König Heinrich hatte sich bereit erklärt, alle Kosten der Hochzeit und auch der Reise der Brautgesellschaft über Frankreich nach England zu tragen. Diese Ausgaben waren zwangsläufig hoch, und zu dieser Zeit befand sich der König in einer sehr knappen finanziellen Lage. Auch die Bemühungen, die er unternahm, um Geld zu beschaffen, waren ihm sehr peinlich, denn die Partei des Herzogs von Gloucester stellte ihm Schwierigkeiten in den Weg, die sich mit allen in ihrer Macht stehenden Mitteln jeder Aktion des Parlaments widersetzten, die darauf abzielte, Geld zu beschaffen die Schatzkammer des Königs mit Geld zu füllen und so die endgültige Vollendung der Ehe zu fördern.

Henrys Geldmangel.

Aufgrund all dieser Schwierigkeiten und Verzögerungen vergingen nach der Hochzeitszeremonie in Nancy fast drei Monate, bis Margaret bereit war, sich auf dem Schiff, das sie in Kiddelaws erwartete, nach England einzuschiffen .

In England anfallende Ausgaben.

Heinrich musste nicht nur für die Kosten der Reise Margaretes durch Frankreich und ihres Zuges aufkommen. Bei ihrer Ankunft in England sollte ein großer Empfang stattfinden, der viele kostspielige Ausrüstungen und die Bereitstellung zahlreicher Unterhaltungsmöglichkeiten erfordern würde. Dann sollte außerdem die Trauung noch einmal durchgeführt werden, und zwar weitaus pompöser und imposanter als zuvor, und nach der Trauung eine Krönung mit allen dazugehörigen Festlichkeiten und Feierlichkeiten. All diese Dinge waren mit großen Kosten verbunden, und Margaret konnte das Königreich erst betreten, wenn die Vorbereitungen für das Ganze getroffen waren. Der König war in seinen Bemühungen, das Geld aufzutreiben, das er für den ordnungsgemäßen Empfang seiner Braut für notwendig hielt, so sehr eingeschränkt, dass er gezwungen war, einen großen Teil der Kronjuwelen sowie des Familienschilds und anderer persönlicher Besitztümer zu verpfänden dieser Art. Ein erheblicher Teil des verpfändeten Vermögens wurde nie eingelöst.

Passage über den Kanal. Schlechtes Wetter.

Schließlich waren die Dinge jedoch so weit in Vorbereitung, dass Befehle für die Abfahrt der Expedition eintrafen. Die Gruppe begab sich daraufhin an Bord und das Schiff segelte. Sie überquerten den Ärmelkanal, fuhren in den Hafen von Portsmouth ein und landeten schließlich in der Stadt Porchester , die an der Spitze des Hafens liegt. Die Reise war nicht sehr angenehm. Das Schiff war klein und der Kanal an dieser Stelle breit, und Margaret war während der Überfahrt so krank und so völlig erschöpft, dass sie, als das Schiff den Hafen erreichte, nicht mehr stehen konnte und Suffolk sie in seinem Wagen ans Ufer trug Waffen.

Margarets Empfang.

gerade zu der Zeit, als die Gruppe landete, über die Stadt Porchester hereinbrach. Die Menschen achteten jedoch nicht auf den Sturm und den Regen, sondern strömten in Scharen auf die Straßen, an denen die Braut vorbeikommen sollte, und streuten Binsen auf den Weg, um einen Teppich für sie zu machen. Sie erfüllten auch die Luft mit freudigem Beifall, während die Prozession vorbeizog. Auf diese Weise wurde die königliche Braut durch die Stadt zu einem nahegelegenen Kloster gebracht, wo sie sich für die erste Nacht ausruhen und sich auf die Weiterreise nach London vorbereiten sollte.

Überfahrt nach Southampton.

Am nächsten Tag, da das Wetter ruhig und schön geworden war, wurde vereinbart, dass Margaret und ihre Gruppe in Lastkähnen entlang der Küste von Porchester nach Southampton transportiert werden sollten. Das Wasser dieser Passage ist glatt und wird überall vom Land geschützt. Die Lastkähne fuhren zunächst den Hafen von Portsmouth hinunter, dann hinaus in die sogenannte Solentsee, eine schmale, geschützte und wunderschöne Wasserfläche zwischen der Isle of Wight und dem Festland, und gelangten von dort in Southampton Water eine Strecke von acht bis zehn Meilen bis zur Stadt hinauf. [4]

Die Königin wohnt in einem Kloster.

Als die Königin in Southampton ankam, wurde sie erneut in ein Kloster in der Nähe der Stadt gebracht, denn dies war noch vor der Zeit der Hotels. Hier wurde sie von Personen empfangen, die vom König geschickt worden waren, um ihr bei ihren weiteren Vorbereitungen für das Erscheinen an seinem Hof behilflich zu sein. Zu den Maßnahmen, die ergriffen wurden, gehörte unter anderem die Entsendung eines Sonderboten nach London, um eine englische Schneiderin nach Southampton zu bringen, damit für die Braut geeignete Kleider angefertigt werden konnten, damit sie in Anwesenheit der englischen Damen angemessen auftreten konnte die bevorstehenden Zeremonien.

Der König. Abtei von Lichfield. Margaret ist schwer krank.

In der Zwischenzeit kam König Heinrich, dem die Regeln der königlichen Etikette es nicht erlaubten, sich der Königin anzuschließen, bis die Zeit für die Durchführung des zweiten Teils der Hochzeitszeremonie gekommen war, aus London und bezog seinen Wohnsitz in einem einen zehn oder zwölf Meilen entfernten Ort namens Southwick, wo er einen Palast und einen Park hatte. Die Hochzeit sollte in einer bestimmten Abtei namens Lichfield Abbey gefeiert werden , die etwa auf halbem Weg zwischen Southampton , wo die Königin untergebracht war, und Southwick, dem Ort, an dem der König erwartet wurde, lag. Der König hatte damit gerechnet, dass in ein paar Tagen alles fertig sein würde, aber er war mit einer erneuten Verzögerung konfrontiert. Kaum war Margaret in Southampton angekommen, wurde sie von einem pockenähnlichen Ausbruchsfieber befallen, das alle ihre Freunde in große Besorgnis über sie versetzte. Die Krankheit erwies sich jedoch als weniger schwerwiegend, als zunächst befürchtet wurde, und nach ein oder zwei Wochen schien die Gefahr vorüber zu sein.

Während seine Braut so krank war, blieb Henry in Southwick in großer Ungewissheit und Sorge, da es ihm aufgrund der strengen Regeln der königlichen Etikette verboten war, sie zu sehen.

Erholung.

Endlich erholte sich Margaret und der Tag wurde für die letzte Hochzeitsfeier festgelegt. Als die Zeit gekommen war, wurde Margaret in großem Staat und an der Spitze einer prächtigen Kavalkade zur Abtei gebracht, und dort wurde die Trauung erneut in Anwesenheit einer großen Schar von Herren und Damen durchgeführt, die aus London und England angereist waren Windsor oder aus ihren verschiedenen Schlössern im umliegenden Land, um bei dieser Gelegenheit anwesend zu sein.

Suffolk präsentiert Margaret dem König.

1445. Die Abschlusszeremonie.

im März 1429 geboren wurde, war sie zu diesem Zeitpunkt natürlich sechzehn Jahre und einen Monat alt.

Seltsames Brautgeschenk.

Neben anderen merkwürdigen Vorfällen, die im Zusammenhang mit dieser Hochzcit aufgezeichnet werden, gibt es einen Bericht darüber, dass Margaret zu diesem Anlass ein Geschenk erhielt – sozusagen ein Haustier, so wie heute eine junge Braut ein Geschenk erhalten würde ein Spaniel oder ein Kanarienvogel – ein Löwe. Damals war es für die wohlhabenden Adligen üblich, solche Tiere auf ihren Burgen zu halten. Sie wurden in für sie errichteten Höhlen in der Nähe der Burgmauern eingesperrt. Die Könige von England hielten jedoch ihre Löwen, sofern sie welche hatten, im Tower of London, und die so eingeführte Praxis, wilde Tiere im Tower zu halten, wurde bis in eine sehr späte Zeit hinein fortgesetzt; So erinnere ich mich, dass ich als Junge oft in englischen Märchenbüchern Berichte von Kindern gelesen habe, die nach London gingen und von ihren Eltern zu den „Löwen im Tower" mitgenommen wurden.

Der Löwe wurde zum Turm geschickt.

Margaret schickte ihren Löwen zum Turm. In dem Spesenbuch, das für diesen berühmten Brautzug geführt wurde, ist der Geldbetrag aufgeführt, der zwei Männern für die Pflege dieses Löwen, seine Fütterung und seine

Überführung nach London gezahlt wurde. Der Betrag betrug 2 5 *s* £. 3 *T.* , was ungefähr zehn oder zwölf Dollar unseres Geldes entspricht. Das scheint für einen solchen Dienst sehr wenig zu sein, aber man muss bedenken, dass der Wert des Geldes damals viel höher war als heute.

Margaret setzt ihre Reise in Richtung London fort. Jubel.

Unmittelbar nach Abschluss der Hochzeitszeremonie machten sich der König und die Königin gemeinsam auf den Weg nach London, nachdem alle Vorbereitungen für die Reise getroffen worden waren, und es schien bald, dass dieser Teil der Reise prächtiger und fröhlicher als jeder andere werden würde andere. Die Menschen des Landes, die wunderbare Geschichten über die Jugend und Schönheit und das frühe Familienunglück der Königin gehört hatten, strömten in Scharen an den Straßenrändern, um einen Blick auf sie zu werfen, als sie vorbeikam, und um den großen Ritterzug zu bestaunen und Adlige, die sie begleiteten, und die Pracht der Kleider und Dekorationen zu bewundern, die so reichlich zur Schau gestellt wurden. Jeder trug ein Gänseblümchen in seiner Mütze oder im Knopfloch, denn das Gänseblümchen war die Blume, die Margaret als ihr Emblem ausgewählt hatte. In jeder Stadt, die die Braut durchquerte, trafen sie auf riesige Menschenmengen, die sich an allen zugänglichen Orten drängten, die Fenster füllten und an manchen Stellen die Dächer der Häuser und die Mauerkronen bedeckten und sie mit dem Lärm von begrüßten Trompeten, das Schwenken von Bannern und mit langen Rufen und Beifallsrufen.

Der Herzog von Gloucester. Seine Pläne. Seine Einladung an die Königin.

In der Zwischenzeit stellte der Herzog von Gloucester, der mit seiner Partei alles in seiner Macht Stehende getan hatte, um sich der Heirat zu widersetzen, nun fest, dass es sich um eine vollendete Tatsache handelte und dass jeder weitere Widerstand nicht nur nutzlos sein würde, sondern auch wollte nur seinen völligen Untergang beschleunigen und vollenden, beschloss, seinen Kurs zu ändern und sich herzlich dem allgemeinen Empfang anzuschließen, der der Braut zuteil wurde. Sein Plan bestand darin, die Königin davon zu überzeugen, dass der Widerstand, den er gegen die Maßnahmen König Heinrichs eingelegt hatte, sich nur gegen den Frieden richtete, der mit Frankreich geschlossen worden war, und den er allein aus politischen Erwägungen abgelehnt hatte, was jedoch die Heirat mit Frankreich betraf Margaret war besorgt, er stimmte dem zu. Deshalb bereitete er sich darauf vor, den gesamten übrigen Adel mit der Pracht des Empfangs zu übertreffen, den er ihr bei ihrer Ankunft in London bereiten sollte. Er besaß einen Palast in Greenwich an der Themse, ein kurzes Stück unterhalb von London, und er sandte eine Einladung an Margaret, am letzten Tag ihrer Reise dorthin zu kommen, um sich auszuruhen und ein wenig zu erfrischen, um sich auf die Aufregung und Müdigkeit vorzubereiten der

Einreise nach London. Margaret nahm diese Einladung an, und als der Brautzug näher rückte, kam Gloucester ihr entgegen, an der Spitze einer Gruppe von fünfhundert seiner eigenen Gefolgsleute, alle in seiner Uniform und mit dem Abzeichen seines persönlichen Dienstes. Diese große Parade sollte teils dazu dienen, der Braut Ehre zu erweisen, und teils, um ihr ein angemessenes Gefühl für seinen eigenen Rang und seine Bedeutung als einer der Adligen Englands zu vermitteln und für die Gefahr, die sie eingehen würde, wenn sie ihn zu ihrem Feind machte.

Tolle Vorbereitungen in London. Kuriose Ausstellungen. Gerechtigkeit und Frieden.

In der Stadt London wurden sehr großartige Vorbereitungen getroffen, um der königlichen Braut auf ihrem Weg durch die Stadt Ehre zu erweisen. Damals war es Brauch, an großen öffentlichen Tagen auf der Straße Tableaus und symbolische oder dramatische Darstellungen bestimmter Wahrheiten oder moralischer Gefühle auszustellen, die dem Anlass angemessen waren, und manchmal auch Passagen aus der Geschichte der Heiligen Schrift. Viele dieser Ausstellungen wurden von den Bürgern Londons organisiert, damit sie von der Braut und dem Brautzug auf ihrem Weg durch die Straßen gesehen werden konnten. Einige davon waren sehr urig und seltsam und würden heutzutage nur noch ausgelacht werden . An einer Stelle befanden sich beispielsweise zwei Figuren, von denen die eine als Symbol für Gerechtigkeit und die andere als Symbol für den Frieden gekleidet war. und diese Figuren wurden beweglich gemacht und mit Schnüren versehen, so dass sie im richtigen Moment, wenn die Königin vorbeikam, dazu gebracht werden konnten, zusammenzukommen und sich scheinbar zu küssen. Dies war als Ausdruck des Textes „Gerechtigkeit und Frieden haben sich geküsst" gedacht, der als geeigneter Text angesehen wurde, um den Frieden zwischen England und Frankreich zu charakterisieren und zu erinnern, den diese Ehe besiegelt hatte. An einem anderen Ort gab es einen symbolträchtigen Festumzug, der Frieden und Fülle symbolisierte. An anderen Orten gab es auch Darstellungen der Arche Noah, des Gleichnisses von den klugen und törichten Jungfrauen, des himmlischen Jerusalems und sogar eine Darstellung der allgemeinen Auferstehung und des Jüngsten Gerichts.

Die Königin reist durch London.

Am Morgen des Tages, der für den Einzug der Königin in London bestimmt war, bildete sich, nachdem alle Festzüge vorbereitet und an ihren Plätzen aufgestellt worden waren, eine große Prozession des Bürgermeisters, der Stadträte und anderer Würdenträger und zog flussabwärts nach Greenwich , um die Königin zu treffen und sie durch die Stadt zu begleiten. Diese Beamten saßen alle zu Pferd und trugen ihre fröhlichen Amtskostüme. Die Häuptlinge waren in Scharlachrot gekleidet, und die Körper ihrer Anhänger, die je nach Beruf in Streifen geordnet waren, trugen blaue

Gewänder mit bestickten Ärmeln und roten Kapuzen. Auf diese Weise wurde die königliche Prozession über die London Bridge und durch die Hauptstraßen der Stadt nach Westminster geleitet, wo die Braut schließlich sicher im Palast ihres Mannes empfangen wurde.

Die Krönung. Die Königin ging, um sich auszuruhen.

Das war am 28. Mai. Zwei Tage später wurde Margaret in Westminster mit einer großen Parade und Zeremonie zur Königin gekrönt. Auf die Krönung folgte ein großes Turnier von drei Tagen Dauer, begleitet von Banketten und anderen bei solchen Anlässen üblichen Festlichkeiten, und schließlich hatte die Braut das befriedigende Gefühl, dass die langwierige Zeremonie vorbei war und dass sie es nun war zur Ruhe gelassen werden.

Kapitel VII.

Herzog von Gloucester.

Trotz des großartigen Empfangs, den der Herzog von Gloucester Margaret bei ihrer Ankunft in England bereitete, wusste sie sehr gut, dass er immer gegen ihre Heirat gewesen war und nicht versäumt hatte, alles in seiner Macht Stehende zu tun, um sie zu verhindern. Sie betrachtete ihn daher als ihren Feind; und obwohl sie sich anfangs zumindest bemühte, ihn mit äußerlicher Höflichkeit zu behandeln, empfand sie in ihrem Herzen einen heimlichen Groll gegen ihn und wäre sehr froh gewesen, sich seinen politischen Feinden angeschlossen zu haben, um seinen Sturz herbeizuführen.

Der Kardinal. Margarets Zuneigung zu Lord und Lady Suffolk. Streit.

Kardinal Beaufort und der Earl of Suffolk waren, wie bereits erwähnt, Gloucesters Rivalen und Feinde. Der Kardinal war ein ehrwürdiger Mann, inzwischen schon ziemlich bejahrt. Er war jedoch äußerst ehrgeizig. Er war immens reich und sein Reichtum verschaffte ihm großen Einfluss. Darüber hinaus war er während seiner Minderjährigkeit der Vormund des Königs gewesen und hatte in dieser Funktion großen Einfluss auf dessen Geist erlangt. Der Earl of Suffolk, der mit seiner Dame nach Frankreich geschickt worden war, um Margaret herüberzuholen, hatte Margaret zu einer großen Freundschaft für ihn inspiriert. Sie empfand eine starke Zuneigung zu ihm und auch zu Lady Suffolk, nicht nur weil sie eine so wichtige Rolle bei der Förderung ihrer Ehe gespielt hatten, sondern auch wegen der sehr freundlichen und aufmerksamen Art, in der sie sie während der Ehe behandelt hatten gesamten Zeitraum ihrer Reise. So hatten der Kardinal und Suffolk einerseits in ihrem Streit mit dem Herzog von Gloucester den Vorteil eines großen persönlichen Einflusses auf den König und die Königin, während Gloucester selbst andererseits in mancher Hinsicht einen noch größeren Einfluss genoss Vorteil in seiner Popularität bei der Masse des Volkes. Jedermann war sich darüber im Klaren, dass der alte Streit zwischen diesen großen Persönlichkeiten nun, bei der Ankunft der Königin in England, mit größerer Heftigkeit als je zuvor geführt werden würde, und alle Höflinge waren bestrebt herauszufinden, wer wahrscheinlich der Sieger sein würde , am Ende des Kampfes könnten sie auf der Siegerseite stehen.

Margaret ist sich selbst überlassen.

Sobald die Krönung vorüber war, wurden die wichtigsten Persönlichkeiten, die ihr Vater mit Margaret geschickt hatte, um sie auf ihrer Reise zu begleiten und dafür zu sorgen, dass sie sich in ihrem neuen Zuhause richtig und bequem etablierte , entlassen und durften aufbrechen bei ihrer Rückkehr. Sie alle erhielten von König Heinrich Geldgeschenke als Ersatz für die Reisekosten, die sie auf sich genommen hatten, um ihm seine Braut zu bringen.

Altes Porträt von Königin Margaret.

Reparatur der Paläste. Der Geldmangel des Königs.

Margaret war somit in der neuen Position und im neuen Aufgabenbereich, in den sie versetzt worden war , sich selbst überlassen . Alle königlichen Paläste waren eigens für ihren Empfang hergerichtet worden. Das war in der Tat sehr notwendig, denn es waren schon einige Jahre vergangen, seit es in England eine Königin gegeben hatte, und alle königlichen Residenzen waren völlig außer Betrieb. Es waren raue Zeiten, und selbst die Paläste und Burgen, die für Könige und Königinnen gebaut wurden, waren bestenfalls sehr trostlose Behausungen. Aber als sie während einer langen Minderheit den unhöflichen Pächtern und groben Bräuchen überlassen wurden, denen sie in solchen Zeiten mit Sicherheit ergeben waren, waren sie am Ende kaum besser als so viele Kasernen für Soldaten. Es erforderte viel Zeit und nicht wenig Geld, den Tower und die Paläste von Westminster und Richmond für den Empfang einer jungen und schönen Königin und der fröhlichen Damengesellschaft, die sie begleiten sollte, herzurichten. König Heinrich war zu dieser Zeit so knapp bei Kasse, dass es für ihn äußerst schwierig war, die Mittel zur Bezahlung der Arbeiter bereitzustellen. Es ist noch immer eine Petition erhalten, die der Bauschreiber an den König richtete und ihn bat, ihm mehr Geld für die Bezahlung der Männer zu geben, denn die Arbeit war so schlecht bezahlt und die Löhne waren so weit im Rückstand, dass dies der

Fall war Es sei für ihn äußerst schwierig gewesen, Männer zu finden, um die Arbeit fortzusetzen.

Die Königin schließt sich Kardinal Beaufort an. Eifersucht auf Gloucester.

Die Paläste waren jedoch endlich fertig, bevor Margaret kam. Es gab Wohnungen für sie im Tower, und es gab auch drei weitere Paläste in und in der Nähe von London, in denen sie nach Belieben wohnen konnte. Darüber hinaus besaß der Kardinal, der, wie bereits erwähnt, über immensen Reichtum verfügte, neben seinen anderen Besitztümern ein wunderschönes Herrenhaus in Waltham Forest, ein paar Meilen nördlich von London. Der Kardinal richtete in diesem Haus ein Prunkgemach ein, das ausschließlich der Königin zur Verfügung stand, wenn sie ihn besuchte, und ließ es prächtig für sie einrichten und möblieren. Der Vorhang des Bettes bestand aus goldenem Stoff aus Damaskus, und die anderen Möbel und Einrichtungsgegenstände sollten dementsprechend sein. Die Königin besuchte den Kardinal oft auf diesem Landsitz. Sie mochte ihn bald sehr und war bereit, sich bei fast allem, was sie tat, von seinem Rat leiten zu lassen. Tatsächlich steigerte die Macht, die der Kardinal auf diese Weise über Margarete ausübte, seine Macht über den König erheblich. Die Angelegenheiten des Hofes und der Regierung wurden fast ausschließlich von seinen Anwälten geleitet. Der Herzog von Gloucester und die Adligen seiner Partei wurden über diesen Zustand immer empörter und wütender. Sie sagten, das Reich England sei durch die Schwäche und Dummheit des Königs in die Hände eines Priesters und einer Frau gefallen – auch einer Französin.

Es werden oft große Fehler gemacht.

Aber es gab nichts, was sie tun konnten. Margaret war so jung und so schön, dass jeder von ihrer Person und ihrem Verhalten fasziniert war und alles, was sie tat, für richtig gehalten wurde. Tatsächlich *stimmte der allgemeine Kurs, den sie bei ihrer ersten Ankunft in England verfolgte* , in hohem Maße. Es hat viele Fälle gegeben, in denen junge Königinnen, indem sie wie Margaret ihr Heimatland und all ihre alten Freunde verließen, um an einem fremden Hof zu regieren, angesehene Persönlichkeiten aus der Heimat mitbrachten, die ihre Günstlinge und Freunde waren in ihrer neuen Position. Aber wenn dies geschieht, kommt es immer früher oder später zu Eifersüchteleien und Groll zwischen diesen Verwandten und Freunden der ausländischen Braut und den alten einheimischen Beratern des Königs, ihres Mannes. Das Ergebnis ist am Ende eine Königspartei und eine Königinpartei bei Hofe, und es kommt zu ständigen Streitigkeiten und Meinungsverschiedenheiten, in die sich zumindest die Menschen des Landes aus natürlicher Eifersucht auf den ausländischen Einfluss mit Sicherheit verwickeln werden sie nennen es, eingeführt von der Königin.

Königin Margaret hatte den gesunden Menschenverstand, dieser Gefahr zu entgehen . Alle wichtigen Personen, die mit ihr nach England kamen, um sie auf der Reise zu begleiten und ihrem Vater und ihren Freunden in Frankreich authentische Zusicherungen zu überbringen, dass sie von ihrem Ehemann ehrenvoll als seine Braut und Königin empfangen worden war, waren sofort nach der Krönung entlassen und wieder nach Hause geschickt, wie wir bereits gesehen haben. Margaret behielt nur bestimmte Hausangestellte und vielleicht zwei oder drei private und persönliche Freunde. Was Ratgeber und Ratgeber betrifft, so wandte sie sich sofort an die Minister und Ratgeber des Königs – den Kardinal Beaufort, der seit seiner Kindheit sein Vormund gewesen war, und den Grafen von Suffolk, der einer seiner wichtigsten Minister war und entsandt worden war von ihm als seinem Bevollmächtigten und Vertreter beauftragt, die Ehe auszuhandeln und die Braut nach Hause zu bringen. Sie machte auch Lady Suffolk – die Frau des Grafen – zu ihrer engsten Freundin. Sie verordnete ihr den höchsten Ehrenplatz in ihrem Haushalt und bekundete auch auf andere Weise große Zuneigung zu ihr. Der gesunde Menschenverstand und die Diskretion, die sie – so jung sie auch war, denn sie war noch keine siebzehn – bewies, als sie eine Dame im Alter und Ansehen von Lady Suffolk für ihre vertrauliche Freundin auswählte, anstatt zu versuchen, eine ausländische Schönheit in diese Position zu bringen ihrer eigenen Jahre, die sie zu diesem Zweck aus ihrem Heimatland mitgebracht hatte, wie es viele junge Bräute in ihrer Situation getan hätten, verdient großes Lob. Mit einem Wort: Indem Margarethe Ehefrau wurde, gab sie sich ganz ihrem Mann hin. Sie machte seine Freunde zu ihren Freunden und seine Interessen zu ihren Interessen und übertrug sich so ganz und vorbehaltlos ihrer neuen Position; Ein Beispiel, dem alle jungen Damen, die durch ihre Ehe in völlig neue Umstände und Beziehungen gelangen, gut daran tun würden, zu folgen. Nichts ist gefährlicher als der Versuch, in solchen Fällen Einflüsse aus der alten Heimat in irgendeiner Form einzubringen, um die Kontrolle in der neuen zu teilen.

Meinungen in England.

Aufgrund des diskreten Verhaltens, das Margaret auf diese Weise verfolgte, und der Wirkung, die ihre Schönheit, ihre Lebhaftigkeit und ihre vielen höflichen Leistungen auf den Hof hervorriefen, bildete sich die öffentliche Meinung – das heißt die Meinung der Außenwelt, die nichts wusste Ihrer geheimen Absichten oder ihres wahren Charakters – änderte sich schon bald nach ihrer Ankunft in England völlig zu ihren Gunsten. Wie bereits erwähnt, war die allgemeine Stimmung bei Adligen und Volk stark gegen das Spiel, als es erstmals vorgeschlagen wurde. Sie lehnten es ab, nicht weil sie persönliche Einwände gegen Margaret selbst hatten , sondern weil es, um den Weg dafür zu bereiten, notwendig war, Frieden mit Frankreich zu schließen und dabei bestimmte Zugeständnisse zu machen, von denen sie glaubten, dass sie sie schwächen würden Sie werden die Macht der Engländer auf dem Kontinent einschränken und auf jeden Fall die weitere Ausbreitung ihrer Macht dort erheblich behindern. Aber als die Leute kamen, um die Königin zu sehen und kennenzulernen, bewunderten und liebten sie sie alle.

Henrys Charakter. Margarets Charakter.

Der König war vollkommen entzückt von seiner Braut. Er selbst war, wie bereits gesagt, von sehr ruhiger und ruhiger Natur; liebenswürdig und sanft im Wesen; fromm, gern im Ruhestand und nur an solchen Beschäftigungen und Vergnügungen interessiert, die mit einem Leben in Ruhe und Erholung vereinbar sind . Margaret war von all dem so anders wie möglich. Ihr brillanter persönlicher Charme, ihr Witz, ihr Geist, ihre allgemeine intellektuelle Überlegenheit, der außerordentliche Mut, für den sie später so berühmt wurde und der sich schon in dieser frühen Zeit zu zeigen begann, alles zusammen weckte in Henrys Geist eine tiefe Bewunderung für seine Frau und verschaffte ihr eine große und schnell wachsende Überlegenheit über ihn.

Ihre Popularität in England.

Der Eindruck, den Margarete auf das Volk machte, war ebenso günstig. Sie dachten, England habe noch nie eine Königin gesehen, die des Thrones würdiger wäre als Margarete von Anjou. Jemand sagte über sie, dass keine Frau ihr an Schönheit gleichkäme und nur wenige Männer sie an Mut und Energie übertrafen. Es schien, als wäre sie geboren worden, um ihrem königlichen Ehemann die Eigenschaften zu vermitteln, die er brauchte, um ein großer König zu werden.

KAPITEL VIII.

DIE GESCHICHTE VON LADY NEVILLE.

Intrigen. Eine romantische Geschichte.

Wenn Sie die Geschichte der englischen Monarchie in dieser frühen Zeit lesen, werden Sie oft von den *Hofintrigen hören* , die sich mit dem Ablauf öffentlicher Angelegenheiten vermischten und ihn manchmal sehr komplizierten. Margarete von Anjou war bei ihrer Ankunft in England in viele solcher Intrigen verwickelt. Tatsächlich war sie durch ihre Scharfsinnigkeit und schnelle Auffassungsgabe sowie durch die große Macht, die diese und andere Eigenschaften, die sie besaß, ihr über die Köpfe aller um sie herum verlieh, bewundernswert qualifiziert, um eine sehr aktive und erfolgreiche Rolle bei der Bewältigung von zu übernehmen Manöver aller Art. Die Art dieser Hofintrigen wird durch die Erzählung des berühmtesten Biographen Margarets sehr gut veranschaulicht, in der er sagt, dass Margaret selbst auf ihrem Weg von Frankreich nach England darin verwickelt wurde. Die Geschichte ähnelt eher einer Romantik als der Realität. Tatsächlich handelt es sich zweifellos um einen Liebesroman, aber er illustriert dennoch gut die Art und Weise, wie die privaten Leidenschaften und persönlichen und familiären Streitigkeiten der Großen in die wichtigsten Ereignisse der nationalen Geschichte verwickelt und manchmal vollständig kontrolliert wurden, und deshalb wird es auch so sein Es wäre nicht verkehrt, es zu erzählen.

Lady Neville. Erstes Interview. Dauphinität.

Die erste Verbindung, die Königin Margarete, wie wir sie künftig nennen werden, mit der Affäre von Lady Neville hatte, fand in Abbeville statt, einer Stadt in Frankreich nicht weit von Calais, als die Königin auf ihr zur Küste vorrückte Weg nach England. Während sie in Abbeville war, erschien plötzlich eine junge und schöne Dame, die eine Audienz bei Margaret einlud und sich einfach als eine der Damen angab, die in den Dienst der Dauphine getreten waren, die die Frau des ältesten Sohnes der Dauphine war König, [5] und der kürzlich gestorben war. Sie wurde eingeliefert. Sie unterhielt sich zwei Stunden lang privat mit Margaret, und als dieses mysteriöse Gespräch beendet war, wurde sie den anderen Damen von Margarets Hof als Miss Sanders vorgestellt, eine englische Dame, die dem Hofstaat der Dauphine angehört hatte, dies aber inzwischen getan hat Nach dem Tod ihrer Geliebten wollte sie mit Margarets Zug nach England zurückkehren. Margaret teilte den anderen Damen mit, dass sie sie in ihren Haushalt aufgenommen hatte, und wies sie an, sie mit größter Rücksicht zu behandeln.

Neugier der Damen. Die Zurückhaltung des Fremden.

Die anderen Damen waren sehr neugierig, das Rätsel dieses Falles zu lösen, konnten aber keinen Hinweis darauf bekommen. Die Fremde war sehr zurückhaltend, verkehrte kaum unter ihren neuen Gefährten und zeigte den ständigen Wunsch, der Beobachtung zu entgehen. Es lag jedoch etwas in ihrer Schönheit und in dem Ausdruck tiefer und beständiger Trauer, die ihr Gesicht trug, das sie zu einem Objekt von großem Interesse für den gesamten Haushalt der Königin machte, doch konnten sie keine Einzelheiten über ihre Geschichte erfahren . Die Fakten waren jedoch diese.

Ihre Geschichte.

Ihr richtiger Name war Anne Neville. Sie war die Tochter von Richard Neville, Earl of Salisbury, einem der führenden und am besten vernetzten Adligen Englands. Als sie etwa fünfzehn Jahre alt war , wurde sie mit einem Verwandten der Familie verheiratet. Die Ehe erwies sich jedoch als sehr unglücklich. Ihr Mann war sehr eifersüchtig auf sie. Aufgrund ihres späteren Verhaltens wäre es wahrscheinlich, dass er gute Gründe dafür gehabt haben könnte. Auf jeden Fall war er äußerst eifersüchtig; und da er ein strenges und grausames Wesen hatte, machte er seine junge Frau durch die Forderungen und Entbehrungen, die er ihr auferlegte, und durch die heftigen Beschimpfungen, mit denen er sie ständig attackierte, sehr unglücklich.

Ihre unglückliche Ehe.

Die unaufhörliche Angst und das Leid, die diese Beschwerden verursachten, beeinträchtigten bald die Gesundheit der Dame, und schließlich begann ihr Vater, als er bemerkte, dass sie blass und dünn wurde, nach der Ursache zu forschen. Bald wurde ihm klar, was für ein schreckliches Leben seine Tochter führte. Wie die meisten anderen großen Adligen jener Zeit war er ein Mann von gewalttätigem Charakter, und er beschloss sofort, seine Tochter aus der Macht ihres Mannes zu befreien, da er der Meinung war, dass ihr Mann die Haupt-, wenn nicht sogar die einzige Schuldige sei.

Ihre Ehe löste sich auf. Vorwand. Ihre Ehe wurde annulliert.

Er stellte fest oder gab vor, dies festzustellen, dass es im Zusammenhang mit der Eheschließung einige Unregelmäßigkeiten gegeben hatte. Seine Tochter war mit ihrem Ehemann entfernt verwandt, und in solchen Fällen mussten bestimmte Schritte unternommen werden, um eine Ausnahmegenehmigung der Kirche zu erhalten, um eine solche Ehe legal zu machen. Diese Schritte seien, wie er nun behauptete, nicht ordnungsgemäß durchgeführt worden, und er leitete sofort ein Verfahren ein, um die Ehe annullieren zu lassen. Ob es wirklich einen ausreichenden Grund für eine solche Aufhebung gab oder ob er das Dekret durch Einflüsse erlangte, die seine hohe Position ihm ermöglichte, auf das Gericht einzuwirken, weiß ich nicht. Er hat jedoch sein Ziel erreicht. Die Ehe wurde annulliert und seine

Tochter kehrte nach Hause zurück; und um so weit wie möglich alle Spuren der unglücklichen Verbindung, in die sie hineingezogen worden war, auszulöschen, ließ sie den Namen fallen, den sie von ihrem Mann erhalten hatte, und nahm wieder ihren eigenen Mädchennamen an.

Sie wird frei.

Bald begann sie, bei Hofe aufzutreten, wo sie fast sofort große Aufmerksamkeit erregte. Aufgrund der besonderen Umstände, in denen sie untergebracht war, genoss sie alle Privilegien einer Witwe, verbunden mit der Attraktivität und dem Charme eines hübschen Mädchens. Fast jeder war bereit, sich in sie zu verlieben.

Ihre Bewunderer.

Zu ihren weiteren Bewunderern gehörte der Herzog von Somerset. Er war ein Mann von hohem Rang und mit großen Leistungen, aber er war verheiratet und konnte sie daher nicht unschuldig zum Gegenstand seiner Liebe machen. Er ließ sich jedoch von dieser Überlegung nicht abschrecken und es gelang ihm bald, einen starken Eindruck auf Lady Nevilles Herz zu machen. Bald ersannen sie Mittel und Wege, sich unter vier Augen zu treffen, und griffen dabei auf alle möglichen Manöver und Erfindungen zurück, um ihre schuldbewusste Verbundenheit zueinander vor dem Wissen ihrer Mitmenschen zu bewahren.

Der Herzog von Gloucester.

In der Zwischenzeit verlor der Herzog von Gloucester selbst, der inzwischen allerdings schon ein beträchtlich fortgeschrittenes Leben hatte, seine Frau, sie starb um diese Zeit, und er kam fast sofort auf die Idee, Lady Neville zu ihrer Nachfolgerin zu machen. Er hielt es nicht für angebracht, Lady Neville selbst etwas zu diesem Thema zu sagen, bevor einige Zeit verstrichen war, aber er sprach mit ihrem Vater, dem Earl of Salisbury, der dem Plan bereitwillig zustimmte. Gloucester war zu dieser Zeit Premierminister von England, und die Dame, die er zur Frau wählen sollte, würde durch ihre Heirat auf den höchsten Gipfel der Größe erhoben werden. Natürlich würden auch die Bedeutung und der Einfluss ihres Vaters und aller Mitglieder ihrer Familie durch ein so großartiges Bündnis erheblich zunehmen.

Herrliche Aussicht.

Daher kam man überein, dass die Heirat stattfinden sollte, aber die Vereinbarung sollte geheim gehalten werden, nicht nur vor der Öffentlichkeit, sondern auch vor der zukünftigen Braut selbst, bis eine angemessene Zeit verstrichen sein sollte, damit der Witwer sich von dem

Kummer erholen konnte, den die Braut erlitten hatte Der Tod seiner ehemaligen Frau soll ihn dazu veranlasst haben.

Gloucesters Erklärung.

Endlich, als die angemessene Trauerzeit abgelaufen war, gab Gloucester seine Liebeserklärung ab. Lady Neville hörte zu und dachte die ganze Zeit darüber nach, was Somerset sagen würde, wenn sie käme, um ihm die Neuigkeit mitzuteilen. Sie teilte es ihm bei der ersten Gelegenheit mit.

Ratlosigkeit von Lady Neville.

Groß war die Not und die Ratlosigkeit, die die Liebenden empfanden, als sie gemeinsam berieten und festlegten, was in einem solchen Notfall zu tun sei. Sie konnten den Gedanken an eine Trennung nicht ertragen. Sie konnten nicht miteinander verheiratet werden, da Somerset bereits verheiratet war. Dass Lady Neville ihr ganzes Leben lang Single blieb, um die Freiheit zu haben, einer schuldigen Leidenschaft nachzugehen, war eine Idee, auf die man sich nicht einlassen sollte. Sie wussten auch, dass ihre derzeitigen Beziehungen zueinander nicht lange aufrechterhalten werden konnten. Es können jederzeit tausend Umstände eintreten, die es unterbrechen oder beenden, und es kann auf jeden Fall nicht mehr lange dauern, bis es enden muss. Daher einigten sie sich darauf, dass Lady Neville dem Vorschlag des großen Ministers zustimmen und seine Frau werden sollte. In der Zwischenzeit , bis die Zeit für den Vollzug der Ehe gekommen war, sollten sie ihre Intimität untereinander erneuern und verdoppeln, wobei sie jedoch alle möglichen Vorsichtsmaßnahmen treffen sollten, um ihre Bewegungen vor den Augen anderer zu verbergen.

Also wurde das Angebot des Herzogs angenommen und bald wurde dem gesamten Hof bekannt, dass Lady Neville seine Braut war.

Der Herzog wird unruhig.

Bisher hatte Lady Neville den Herzog bei ihrem zufälligen Verkehr mit ihm bei den Zusammenkünften des Hofes mit großer Zurückhaltung behandelt, aber jetzt, da er ihr akzeptierter Liebhaber war, glaubte er, dass er vernünftigerweise ein größeres Maß an Herzlichkeit in ihrem Verhalten ihm gegenüber erwarten konnte . Aber er fand keine Veränderung. Sie blieb so formell und zurückhaltend wie immer. Außerdem war sie, wenn er sie besuchte, was er manchmal mehrmals am Tag tat, sehr oft nicht zu Hause — viel zu oft, fand er. Er ging zu dem Ort, zu dem sie nach Angaben ihrer Diener in solchen Fällen gegangen war, aber sie war sehr selten anzutreffen. Er kam bald zu dem Schluss, dass die Angelegenheit ein seltsames Geheimnis umgab, und beschloss, wirksame Maßnahmen zu ergreifen, um sie aufzuklären.

Deshalb beschäftigte er bestimmte vertrauenswürdige Personen, die in seinen Diensten standen, um zu beobachten, wohin Lady Neville ging und wie sie während dieser unerklärlichen Abwesenheit von zu Hause ihre Zeit verbrachte. Viele Tage lang wurde diese Beobachtung fortgesetzt, es wurden jedoch keine Entdeckungen gemacht. Die Spione berichteten , dass sie die Spur der Dame nicht verfolgen konnten. Trotz ihrer größten Anstrengungen gelang es ihr, ihnen zu entkommen, und jeden Tag verloren sie mehrere Stunden lang völlig aus den Augen. Sie sahen jedoch genug, um sich davon zu überzeugen, dass etwas nicht stimmte. Was es war, konnten sie jedoch nicht herausfinden, so klug und vollständig waren die Vorsichtsmaßnahmen, die Somerset und Lady Neville getroffen hatten, um eine Entdeckung zu verhindern.

Entdeckungen. Die Ratlosigkeit des Herzogs. Seine Art zu argumentieren.

Der Herzog von Gloucester war eine Zeit lang sehr ratlos und wusste nicht, was er tun sollte, ob er offen mit Lady Neville streiten und sich weigern sollte, die Ehe zu vollziehen, oder ob er seinen Verdacht zerstreuen und sie zur Frau nehmen sollte. Seine Liebe zu ihr siegte schließlich und er beschloss, die Ehe fortzusetzen. Er habe keine eindeutigen Beweise gegen sie, sagte er sich, und selbst wenn es eine geheime Bindung ihrerseits gäbe, die diese mysteriösen Erscheinungen erklären könnte, könnte sie ihn schließlich doch heiraten, wenn sie einmal mit ihm verheiratet wäre eine treue und liebevolle Ehefrau. Einige verbleibende Überreste einer früheren Zuneigung müssen oft notwendigerweise im Herzen einer Braut verweilen, dachte er, selbst wenn sie sich aufrichtig und ehrlich der Person hingibt, für die sie sich letztendlich entschieden hat. Dies gilt insbesondere dann, wenn die Dame jung, gebildet und liebenswert ist, während ihr Ehemann als Mittel zur Gewinnung ihrer Gunst nur Reichtum oder eine hohe Position anstelle von Jugend und persönlichen Reizen anbieten kann.

Die Entscheidung.

So wurde beschlossen, dass die Hochzeit stattfinden sollte, und der Tag für die Hochzeit wurde festgelegt.

Heimliches Treffen der Liebenden. Dorf an der Themse.

Als die Zeit für die Hochzeit näher rückte und die Liebenden merkten, dass die Zeit ihrer Freuden zu Ende ging, beschlossen sie, am Tag vor der Hochzeit ein Abschiedsgespräch miteinander zu führen, um vor Störungen sicher zu sein , wurde vereinbart, dass sie den Tag gemeinsam in einem Dorf am Ufer der Themse, nicht weit von London entfernt, verbringen sollten.

Als der Tag kam, verließ Lady Neville ihr Zuhause, um sich zum Treffpunkt zu begeben. Gloucesters Spione folgten ihr. Sie wurde im Dorf von Somerset empfangen. Somerset war jedoch so getarnt, dass die Spione nicht wussten, wer er war, und auch nicht herausfinden konnten, wer er war. Sie waren jedoch aufgrund seines Verhaltens gegenüber Lady Neville davon überzeugt, dass er ihr Liebhaber war, und berichteten die Fakten sofort Gloucester in London.

Pläne für ihre Rückkehr.

Gloucester war natürlich in großer Wut. Er schwor schreckliche Rache sowohl gegen Lady Neville selbst als auch gegen ihren Liebhaber, wer auch immer er sein mochte. Er bewaffnete sofort eine Truppe seiner Anhänger und ritt an ihrer Spitze, geführt von einem der Spione, zum Rendezvous-Dorf. Es war dunkel, bevor er dort ankam. Einige Bauern, die er befragte, teilten ihm mit, dass eine Dame, die der von ihm gegebenen Beschreibung entsprach, vor einiger Zeit an Bord des Bootes gegangen sei, um nach London zurückzukehren. Gloucester drehte sich sofort um und eilte wieder nach London zurück, in der Hoffnung, den Landungssteg zu erreichen, bevor das Boot eintraf, und war fest entschlossen, sowohl die Dame selbst als auch ihre Geliebte zu töten, sobald sie das Ufer berührten.

Gloucester hat sich geirrt.

Er irrte sich jedoch, als er annahm, dass der Geliebte, wer auch immer er sein mochte, bei der Dame war. Somerset war über seine Vorsichtsmaßnahme hinaus auf dem Landweg nach London zurückgekehrt und ließ Lady Neville alleine mit den anderen Passagieren im Boot zurück. denn das Boot war eine Art Paket, das regelmäßig zwischen dem Dorf und London verkehrte. Er hatte jedoch unweit der Landung in London vertrauenswürdige Personen stationiert, die Lady Neville bei ihrer Ankunft empfangen und nach Hause bringen sollten.

Das Boot kommt an.

Gloucester erreichte die Anlegestelle, bevor das Boot das Ufer erreichte. Allerdings war es inzwischen so dunkel, dass er nicht mehr in der Lage war, die Personen, die er verfolgte, zu erkennen, besonders unter der Verkleidung, die sie, wie er nicht zweifelte, tragen würden. In der Rücksichtslosigkeit seiner Wut beschloss er, jeden Menschen im Boot zu töten und so seine Rache sicherzustellen.

Angriff auf das Boot.

Dementsprechend stürmten er und seine Anhänger in dem Moment, als das Boot das Ufer berührte, an Bord, und es folgte eine schreckliche Szene der Bestürzung und des Schreckens. Gloucester selbst ging direkt auf die

Gestalt einer Dame zu, deren Auftreten, Verhalten und Kleidungsstil, soweit er sie in der Dunkelheit erkennen konnte, darauf schließen ließen, dass sie wahrscheinlich das Ziel seiner Wut war. Er stieß seinen Dolch in ihre Brust. Voller Angst sprang sie in den Fluss. Sie wurde von ihrem Kleid getragen und trieb den Bach hinunter.

Bootsleute ermordet.

In der Zwischenzeit ging die Mordtätigkeit an Bord des Bootes weiter. Der Herzog und seine Männer fuhren damit fort, überall um sie herum einzustechen und niederzuschlagen, bis alle Passagiere und Bootsleute getötet waren. Die Leichen wurden dann alle in den Fluss geworfen, nachdem zuvor Steine an ihnen befestigt worden waren, damit sie versinken konnten.

Weint.

Die Menschen in den Häusern der Nachbarschaft am Ufer des Flusses hörten die Schreie und hoben für einen Moment ihre Köpfe aus ihren Kissen oder blieben stehen, während sie durch die stillen Straßen gingen, um zuzuhören. Aber die Schreie wurden bald unterdrückt, denn das Massaker war nur das Werk weniger Augenblicke, und solche Geräusche waren damals in den Straßen Londons und besonders am Fluss viel zu häufig, als dass sie großes Aufsehen erregt hätten.

Das Boot ist gesunken.

Das Boot war natürlich mit Blut bedeckt. Der Herzog befahl seinen Männern, das Schiff mitten in den Fluss zu bringen und zu versenken. Dies sei die einfachste und schnellste Möglichkeit, alle Spuren und Beweise des Verbrechens zu verwischen.

Gloucester.

Der Autor, der diese Geschichte erzählt, sagt, dass Gloucesters Wunsch, seine Handlungsfähigkeit bei dieser Transaktion geheim zu halten, nicht darin bestand, dass er irgendeine Bestrafung fürchtete, denn die damaligen Gesetze waren völlig machtlos, Gewalttaten wie diese, die von Männern aus Gloucester begangen wurden, zu bestrafen Rang und Stand. Er dachte nur, dass es seiner Popularität schaden würde, wenn bekannt würde, dass er auf diese Weise so viele unschuldige Menschen ermordet hatte, nur um sicherzustellen, dass er ein Objekt seiner privaten Eifersucht und seines Hasses tötete!

Flucht von Lady Neville.

In der Zwischenzeit , Lady Neville, denn es war wirklich Lady Neville, die Gloucester erstochen hatte, und die in den Fluss gesprungen war und den

Fluss hinuntergetrieben war, getragen von ihrem Kleid, das nach der Mode
der Zeit gefertigt war , um ihm durch die Reifen, mit denen die Ärmel des
Gewandes geweitet waren, und auch durch die Form des Kopfschmucks, der
sehr groß und leicht war und sich gut anpasste, einen großen Auftrieb im
Wasser zu verleihen dienen als Schwimmkörper, um ein Absinken des
Kopfes zu verhindern.

Weibliches Kostüm zur Zeit Heinrichs VI.

Unter der Brücke. Gerettet.

einem der Bögen hindurchgetragen wurde . Als sie die Brücke verließ,
gelangte sie zu dem Teil des Flusses, an dem die Schiffe und andere
flussabwärts fahrende Schiffe vertäut waren. Es kam vor, dass neben anderen
Schiffen, die im Strom vor Anker lagen, auch eines auf dem Weg in die
Normandie war. Der Kapitän dieses Schiffes war an Land gewesen, aber er
stieg nun mit seinem Boot aus, um wieder an Bord zu gehen. Als der Kapitän
im Licht einer Laterne, die er in der Hand hielt, über das Wasser blickte, um
den Weg zu seinem Schiff zu erkennen, sah er in geringer Entfernung von
sich etwas schwimmen, das dem Kleid einer Frau ähnelte. Er trieb das Boot
in diese Richtung voran. Nachdem er an der Stelle angekommen war, gelang
es ihm mit großer Mühe, die nun fast leblose Gestalt von Lady Neville an
Bord seines Bootes zu bekommen, und dann ruderte er so schnell wie
möglich zum Schiff.

An Bord eines Schiffes empfangen. Ihre Entschlossenheit.

Hier wurde alles getan, was der Fall erforderte, um die ertrinkende Dame wieder zum Leben zu erwecken. Sie kam bald wieder zu sich und sah sich voller Aufregung und Angst um. Sie hatte jedoch die Geistesgegenwart, kein Wort zu sagen, das ihr Geheimnis verraten hätte, obwohl ihre Kleidung, ihr Auftreten und ihr Benehmen den Kapitän davon überzeugten, dass sie keine gewöhnliche Persönlichkeit war. Die Wunde wurde untersucht und als nicht schwerwiegend befunden. Sie war durch einige Teile ihres Kleides geschützt worden, die den Dolch zur Seite gedreht hatten. Als sie feststellte, dass die unmittelbare Gefahr vorüber war , wurde sie gefasster und begann, sich nach den Personen und Szenen um sie herum zu erkundigen. Als sie feststellte, dass das Schiff, das sie aufgenommen hatte, nach der Normandie fuhr, beschloss sie, in dieses Land zu fliehen. Deshalb erfand sie Mittel, um den Kapitän zu veranlassen, sie an Bord zu verstecken, bis die Zeit gekommen war, die Segel zu setzen, und sie dann den Fluss hinunter und über den Kanal mitzunehmen.

Sie wird von der Dauphinität empfangen.

Bei ihrer Ankunft in Frankreich begab sie sich sofort an den Hof der Dauphine, die als englische Prinzessin dazu neigte, Mitleid mit ihr zu haben und sie freundlich zu empfangen. Sie blieb, wie wir gesehen haben, unter dem falschen Namen Miss Sanders bis zum Tod der Dauphine an diesem Hof. So wurde sie plötzlich ihres Beschützers in Frankreich beraubt, aber fast gleichzeitig schien ihr die Heirat mit Margarete von Anjou die Möglichkeit zu eröffnen, nach England zurückzukehren.

Solange der Herzog von Gloucester lebte und seine Macht behielt, wusste sie sehr wohl, dass sie nicht in Sicherheit an den englischen Hof zurückkehren konnte; aber sie dachte, dass Margarets Weg nach England wahrscheinlich der Vorbote von Gloucesters Untergang sein würde.

Politische Intrigen.

„ *Sie* muss ihn hassen", sagte sie sich, „fast genauso sehr wie ich, denn er war von Anfang an gegen ihre Heirat und hat alles in seiner Macht Stehende getan, um sie zu verhindern. Margaret wird nie zufrieden sein, bis sie sich abgesetzt hat." „Befreie ihn von seiner Macht und setze einen Freund von ihr an seine Stelle. Ich kann ihr bei dieser Arbeit helfen, wenn sie mich unter ihren Schutz nimmt und mir erlaubt, sie nach England zu begleiten."

Lady Neville und Margaret.

Also machte sie sich auf den Weg nach Abbeville, um die Königin auf ihrem Weg zur Küste abzufangen, wie wir bereits gesehen haben. Bei dem langen und geheimen Interview, das sie dort mit ihr führte, erzählte sie Margaret die Geschichte ihrer Verbindung mit Somerset und Gloucester und ihrer fast wundersamen Flucht vor dem Tod durch Gloucesters Hand. Sie wünschte sich nun Rache; und wenn Königin Margaret sie in ihre Dienste aufnehmen und nach England mitnehmen würde, würde sie Maßnahmen mit Somerset, ihrem Geliebten, vereinbaren, die Margaret bei ihren Plänen, die sie für den Untergang von Gloucester schmieden könnte, sehr helfen würden.

Lady Neville kehrt zurück. Geheimnis.

Margaret kam dieser Bitte sofort und sehr gerne nach und nahm Lady Neville mit nach England. Sie behandelte sie mit großer Rücksichtnahme und Ehre; Dennoch bewahrte Lady Neville im Verkehr mit den anderen Damen des Hofes strenge Zurückhaltung und hielt sich in großer Abgeschiedenheit, besonders nach der Ankunft der Brautpartei in England. Ihr Vorwand dafür war ihre tiefe Trauer über den Verlust ihrer Freundin und Gönnerin, der Dauphine von Frankreich. Doch die anderen Hofdamen waren mit dieser Erklärung nicht ganz zufrieden. Sie waren völlig davon überzeugt, dass in dem Fall mehr steckte, als man vermutete, besonders als sie herausfanden, dass der Fremde bei der Ankunft der Gruppe in England besondere Anstrengungen unternommen hatte, um ein Treffen mit dem Herzog von Gloucester zu vermeiden. Sie setzten ihre ganze Wachsamkeit und Kontrolle ein, um das Geheimnis zu lüften, aber vergebens.

KAPITEL IX.

VERSCHWÖRUNGEN .

Persönliche und politische Intrigen. Margarets Schönheit.

Auf diese Weise vermischten und komplizierten sich öffentliche Angelegenheiten mit privaten und persönlichen Intrigen am englischen Hof, als Margaret im Land ankam. Margaret hatte einen Charakter, der sie vortrefflich dazu befähigte, ihre Rolle bei der Bewältigung solcher Intrigen gut zu spielen und die Leidenschaften von Ehrgeiz, Liebe, Groll, Neid und Hass auszuspielen, wie sie die Menschen um sie herum zum Ausdruck brachten – Leidenschaften, die immer glühen und vor Gericht mit größerer Wut toben als in jeder anderen Gemeinschaft – um ihre Ziele zu erreichen. Sie war zwar noch sehr jung, aber sie hatte eine geistige und persönliche Reife erreicht, die weit über ihre Jahre hinausging. Ihr Gesicht war schön, und ihre Miene und ihr Benehmen strahlten einen unaussprechlichen Charme aus, aber ihre Geisteskräfte waren von sehr männlichem Charakter, und dies spiegelte sich in der Kühnheit der Pläne wider, die sie schmiedete, und in der Mischung aus Klugheit und Energie, mit der sie vorging Bei ihrer Ausführung zeigte sie weniger die Qualitäten einer Frau als die eines Mannes.

Lady Neville soll tot sein. Ihr Vater.

Alle Parteien in England gingen davon aus, dass Lady Neville tot war. Natürlich hatte der Herzog von Gloucester keine Ahnung, dass jemand aus dem Boot hätte entkommen können. Er nahm an, dass er die vollständige Zerstörung aller an Bord befindlichen Personen bewirkt hatte. Somersets Männer, die in einiger Entfernung vom Landungspunkt stationiert waren, um Lady Neville zu empfangen und nach Hause zu bringen, warteten bis weit über die verabredete Stunde hinaus, aber niemand kam. Die Nachforschungen, die Somerset am nächsten Tag heimlich anstellte, ergaben, dass das Boot das Dorf verlassen hatte, von seiner Ankunft in London jedoch keine Nachricht zu erhalten war, und er vermutete, dass es mit allem an Bord durch einen Unfall verloren gegangen sein musste der Fluss. Gloucester, der Graf von Salisbury, Lady Nevilles Vater, ging sofort zu ihm und teilte ihm mit, was er getan hatte. Er habe seine Tochter, sagte er, in einer schuldigen Intrige entdeckt, die, wenn sie an die Öffentlichkeit gelangt wäre, nicht nur sie selbst, sondern ihre ganze Familie beschämt hätte. Der Earl, ein Mann von großer Strenge und Strenge im Charakter, sagte, Gloucester habe vollkommen das Richtige getan, und sie einigten sich darauf, die ganze Transaktion vor der Welt geheim zu halten und den Bericht zu verbreiten, dass Lady Neville an einem natürlichen Tod gestorben sei Ursache.

Ankunft in London.

Dies war der Stand der Dinge, als Margaret und Lady Neville in London ankamen. Sobald sich die Königin in ihrem neuen Zuhause einigermaßen etabliert hatte, begann sie darüber nachzudenken, wie sie Gloucester absetzen könnte. Ihr Plan bestand darin, zunächst zu versuchen, ihren Mann aus seiner Lethargie zu wecken und in seinem Geist so etwas wie einen Geist der Unabhängigkeit und ein Gefühl des Ehrgeizes zu wecken.

Die Königin und Heinrich.

„Sie haben in Ihren Händen", pflegte sie zu ihm zu sagen, „was man leicht zur Grundlage des edelsten Reiches Europas machen könnte. Außer Großbritannien haben Sie die gesamte Normandie und andere wertvolle Besitztümer in Frankreich, die zusammen." Bilden Sie ein riesiges Königreich, in dessen Regierung Sie großen Ruhm erlangen könnten, wenn Sie die Regierung selbst in die Hand nehmen würden.

Margarets Argumente.

Sie fuhr fort, ihm klarzumachen, wie unwürdig es von ihm sei, die gesamte Macht eines solchen Reiches seinem Onkel zu überlassen, anstatt sofort selbst das Kommando zu übernehmen, wozu ihn alle Rücksichtnahme auf Klugheit und Politik drängte. Sie sagte, es habe in der englischen Geschichte sehr viele Fälle gegeben, in denen es einem Lieblingsminister gestattet worden sei, die Macht so lange innezuhaben und sich in ihrem Besitz so vollständig zu stärken, dass er nicht mehr ihrer Macht enthoben werden könne Der König selbst wurde schließlich von seinem eigenen Minister unterworfen. Der Herzog von Gloucester rückte rasch auf demselben Weg vor; und wenn der König sich nicht aus seiner Untätigkeit erhob und die Regierung selbst in die Hand nahm, würde er bald alle Macht dazu verlieren und in einen Zustand demütigender Abhängigkeit von einem seiner eigenen Untertanen versinken.

Das Beispiel der Vorfahren.

Andererseits drängte sie ihn auch bei anderen Gelegenheiten zum Beispiel seines Vaters und Großvaters Heinrich IV. und Heinrich V., dessen Herrschaft ihnen durch die persönliche Energie und Tapferkeit, die sie bei der Stärkung und Ausweitung ihrer Herrschaftsgebiete an den Tag gelegt hatten, ihnen weltweites Ansehen verschafft hatte. Es wäre äußerst unrühmlich für den Nachkommen einer solchen Linie, sein Leben in geistloser Untätigkeit zu verbringen und die Angelegenheiten seines Königreichs in die Hände eines Verwandten zu legen, von dem natürlich erwartet werden konnte, dass er seine Macht nur zu diesem Zweck ausübt sein eigenes Interesse und seinen eigenen Ruhm fördern.

Darüber hinaus erinnerte sie ihn an die Gefahr, in der er sich durch die Darstellungen anderer Zweige der königlichen Linie befand, die immer noch den Thron beanspruchten, und von denen jederzeit, wann immer sich eine Gelegenheit bot, erwartet werden könnte, dass sie versuchen würden, ihre Ansprüche durchzusetzen. Wie aus der genealogischen Tabelle hervorgeht , [6] Lionel, der *zweite* Sohn von Edward III. – dessen unmittelbare Nachkommen durch die von John of Gaunt, dem dritten Sohn, ersetzt wurden, da er das einzige Kind von Lionel war war eine Tochter und konnte ihre Ansprüche nicht geltend machen – sie hatte eine Urenkelin namens Anne, die Richard heiratete, einen Sohn von Edmund, dem *vierten* der Söhne von Edward III. [7] Richard Plantagenet, der aus dieser Verbindung hervorging, war natürlich der Nachkomme und Erbe von Lionel. Er hatte auch andere Ansprüche auf den Thron, und Margaret erinnerte ihren Mann daran, dass jederzeit die Gefahr bestehe, dass er vortreten und seine Ansprüche geltend machen könnte.

Der König ist nicht sicher.

Unter diesen Umständen sei es offensichtlich, sagte sie, dass der König seine Interessen nicht in der Obhut irgendeiner Person außerhalb seiner eigenen unmittelbaren Familie schützen könne – das heißt, in den Händen von jemand anderem als seinen eigenen und denen seiner Frau. Auf einen Pfarrer konnte man sich nicht verlassen, so stark seine Treue- und Verbundenheitsbekundungen auch sein mochten. Wenn ihm eine andere Dynastie günstigere Konditionen bot, gab es und konnte es keine Sicherheit gegen seinen Parteiwechsel geben; wohingegen man sich bei einer Frau, deren Interessen untrennbar mit denen ihres Mannes verbunden waren, mit absoluter Sicherheit darauf verlassen konnte, dass sie ihrem Mann in jedem erdenklichen Notfall treu und treu blieb.

Margaret macht einen Eindruck.

Diese Vorstellungen, die Margaret ihrem Mann von Zeit zu Zeit machte, wenn sie Gelegenheit dazu hatte, hinterließen bei ihm einen sehr beträchtlichen Eindruck. Dennoch schien es ihm an Entschlossenheit und Energie zu mangeln, ihnen entsprechend zu handeln. Er sagte, dass er nicht sehe, wie er seinem Onkel die Macht entziehen könne, die er immer gut und treu ausgeübt habe. Und außerdem verfügte er selbst nicht über das Alter und die Erfahrung, die für die erfolgreiche Verwaltung der Angelegenheiten eines so mächtigen Königreichs erforderlich wären. Er war davon überzeugt, dass er, wenn er Regierungsaufgaben übernehmen würde, Fehler machen und dadurch in Schwierigkeiten geraten würde.

Henry hört auf ihre Ratschläge.

Margaret bemerkte jedoch deutlich, dass sie Fortschritte dabei machte, einen Eindruck auf das Gemüt ihres Mannes zu hinterlassen. Um den Einfluss ihrer Darstellungen zu erhöhen, achtete sie auf Gelegenheiten, in denen Gloucester anderer Meinung als der König war, und versäumte es, Vorschläge oder Empfehlungen des Königs umzusetzen, die sich wahrscheinlich in den meisten Fällen auf die Ernennung von Ämtern am Hof bezogen . Manche sagen, sie habe diese Gelegenheiten *geschaffen* , indem sie ihren Mann geschickt dazu verleitete, Empfehlungen auszusprechen, von denen sie wusste, dass der Herzog sie nicht genehmigen würde. Auf jeden Fall kam es zu solchen Fällen, und Margaret nutzte sie aus, um Henry ihre Ansichten noch stärker einzuprägen.

1446. Henrys Schüchternheit.

„Wie demütigend", sagte sie, „dass ein großer Monarch auf die Erlaubnis eines seiner Untertanen angewiesen ist, dies oder das zu tun, wenn er doch alle seine Angelegenheiten unter seiner eigenen absoluten Kontrolle haben könnte!"

Aber Henry entgegnete darauf, dass es nicht in der Natur des Menschen liege, Fehlern zu entgehen, und dass er sich sehr glücklich schätzen könne, einen Geistlichen zu haben, der, wenn er in Gefahr sei, Fehler zu machen, eingreifen und ihn vor dem Übel retten könne Konsequenzen, die sich sonst aus seinen Fehlern ergeben würden.

Margaret ermutigt ihn.

Darauf entgegnete Margaret, dass es zwar wahr sei, dass die menschliche Natur anfällig für Fehler sei, dass es aber für einen großen und mächtigen Herrscher sehr demütigend sei, wenn die öffentliche Aufmerksamkeit auf seine Fehler gelenkt werde, indem er sie auf diese Weise von einem Untergebenen korrigieren lasse, und zwar in der Ausübung seiner Befugnisse durch einen Erzieher und einen Gouverneur eingeschränkt werden, um zu verhindern, dass er Unrecht tut, als wäre er ein Kind, das nicht in der Lage wäre, selbst zu handeln.

Die Welt verwöhnt die Großen.

„Außerdem", fügte sie hinzu, „wenn Sie wirklich die Leitung Ihrer Angelegenheiten selbst in die Hand nehmen und unabhängig handeln würden, könnten Sie darauf vertrauen, dass die Öffentlichkeit das, was Sie Ihre Fehler nennen, mit einem anderen und weicheren Namen bezeichnen würde. Die Welt." ist immer geneigt, das, was ein großer und mächtiger Monarch tut, natürlich als richtig zu betrachten, und selbst wenn es ihnen falsch erscheint, glauben sie, dass es nur deshalb so aussieht, weil sie nicht in der Lage sind, sich ein gerechtes Urteil darüber zu bilden Die Frage ist, ob man mit den Fakten nicht vollständig vertraut ist oder nicht alle Zusammenhänge erkennt.

Sie versicherte ihrem Mann außerdem, dass er bei der Verwaltung der öffentlichen Angelegenheiten sehr erfolgreich sein und von allen Menschen im Reich gut unterstützt werden würde, wenn er die Regierungsgeschäfte selbst in die Hand nehmen würde.

Margarets geheime Pläne.

Abgesehen davon, dass sie auf diese Weise auf die Gedanken des Königs einwirkte, war Margaret insgeheim ständig damit beschäftigt, die Ansichten und Gefühle der wichtigsten Adligen und anderer großer Persönlichkeiten des Reiches zu ermitteln, um herauszufinden, wer geneigt war, dem Herzog feindlich gesinnt zu sein. und sie alle zu einer organisierten Opposition gegen ihn zu vereinen. Eine der ersten Personen, an die sie sich mit dieser Ansicht wandte, war Somerset, der ehemalige Liebhaber von Lady Neville.

Opposition gegen den Herzog von Gloucester.

Sie nahm natürlich an, dass Somerset aufgrund der alten Rivalität, die zwischen ihnen bestanden hatte, zu Feindseligkeit gegenüber dem Herzog neigen würde, und schlug nun vor, Lady Nevilles Rückkehr und ihre Entscheidungsfreiheit bei der Wiederherstellung zu nutzen an ihn, um ihn zu veranlassen, sich voll und ganz auf ihre Pläne einzulassen, die Macht seines alten Rivalen zu stürzen. Um die Leitung der Angelegenheit vollständig in ihren eigenen Händen zu behalten, stimmte sie Lady Neville zu, dass Lady Neville selbst in keiner Weise mit Somerset kommunizieren dürfe, bis sie, die Königin, zum ersten Mal ein Interview mit ihm geführt habe, und dass er war, die Sicherheit von Lady Neville nur durch sie zu erfahren. Lady Neville stimmte dem bereitwillig zu, da sie glaubte, dass die Königin die Angelegenheit besser bewältigen könne als sie selbst.

Somerset.

Man wird sich erinnern, dass Somerset während seiner früheren Bekanntschaft mit Lady Neville verheiratet war, seine Frau jedoch gestorben war, als Lady Neville in Frankreich war, und er nun frei war; Daher bestand der Plan, den die Königin und Lady Neville nun schmiedeten, darin, ihm die Gelegenheit zu geben, sie zu seiner Frau zu machen, wenn er sie immer noch liebte.

Ein geheimes Interview geplant.

Zur Umsetzung ihres Plans arrangierte die Königin ein geheimes Interview mit Somerset und teilte ihm in dem Interview mit, dass Lady Neville noch am Leben und wohlauf sei; dass sie außerdem nicht weit weg sei und es in der Macht der Königin liege, sie ihm zurückzugeben, wenn er sie wiedersehen wolle, und dass sie dies unter bestimmten Bedingungen tun würde.

Somerset war überglücklich, als er diese Nachricht hörte. Zunächst konnte er nicht davon überzeugt werden , dass es wahr sei; und als ihm eindeutig versichert wurde, dass es so war und dass die lange verschollene Lady Neville gesund und munter lebte und in England war, fieberte er vor Ungeduld, sie wiederzusehen. Er sagte, er würde allen Bedingungen zustimmen, die die Königin als Preis dafür nennen könnte, dass sie ihm zurückgegeben werde.

Die drei Bedingungen.

Die Königin sagte, dass die Bedingungen drei seien.

Das erste war, dass er sie nur einmal und nur für ein paar Minuten sehen sollte, um überzeugt zu sein, dass sie wirklich lebte, und dass er sie dann verlassen und sie erst beim Herzog von Gloucester wiedersehen sollte war von der Macht gefallen.

Das zweite war, dass er so tun sollte, als ob er kein gutes Verhältnis zur Königin selbst hätte, um den Verdacht hinsichtlich einiger ihrer Pläne abzuwenden, bis sie bereit sein würde, ihn wieder in Gunst zu nehmen.

Partei gegen Gloucester.

Das dritte war, dass er alles tun sollte, was er konnte, um die Partei gegen den Herzog zu vergrößern und zu stärken, indem er so viele seiner Freunde wie möglich und diejenigen, auf die er Einfluss hatte, gegen ihn aufbrachte, und zwar schließlich, wenn die Partei sollte stark genug werden, um im Parlament Anklage gegen ihn zu erheben und ihn vor Gericht zu bringen.

Somerset stimmte allen diesen Bedingungen sofort zu, und die Königin ließ ihn dann zu einem Interview mit Lady Neville zu.

Das Interview.

Er war überwältigt von Liebe und Freude, als er sie erneut sah und in seine Arme drückte. Die anwesende Königin war sehr daran interessiert, den Beweisen der Glut der Zuneigung beizuwohnen, durch die die Liebenden immer noch aneinander gebunden waren, aber sie unterbrach ihre Ausdrucksformen und Kundgebungen der Freude bald, indem sie Somersets Aufmerksamkeit auf die Schritte lenkte, die die Liebenden bezeugten sollten als nächstes mitgenommen werden, um ihre Pläne voranzutreiben.

Lady Nevilles Vater.

„Das erste, was Sie tun müssen", sagte sie, „ist, dass Sie den Grafen von Salisbury aufsuchen und um die Hand seiner Tochter bitten und sich gleichzeitig bemühen, ihn zu bewegen, sich unserer Partei anzuschließen."

Der Graf von Salisbury.

Der Earl of Salisbury hatte einen Sohn, natürlich den Bruder von Lady Neville, deren Titel Earl of Warwick war. Er war der sogenannte berühmte Königsmacher, auf den in einem früheren Kapitel Bezug genommen wurde. Er erhielt diesen Titel aufgrund des großen Einflusses, den er später bei der Entstehung und dem Sturz einer der beiden großen Dynastien nach der anderen ausübte. Seine Macht war zu dieser Zeit sehr groß, teils aufgrund seines immensen Reichtums, teils aufgrund seines gebieterischen persönlichen Charakters. Margaret hatte den großen Wunsch, ihn auf ihre Seite zu ziehen.

Fortgang der Intrige.

Somerset übernahm bereitwillig die Pflicht, sich mit dem Grafen von Salisbury in Verbindung zu setzen, um ihn über die Sicherheit seiner Tochter zu informieren und um ihre Hand zu bitten, und gleichzeitig herauszufinden, welche Hoffnung es geben könnte, ihn in die Verbindung zu ziehen, die die Königin darstellte Formierung gegen den Herzog von Gloucester.

Offenbarungen.

Somerset suchte daraufhin ein Gespräch mit Salisbury und teilte ihm mit, dass die verbreitete Meldung, dass seine Tochter tot sei, nicht wahr sei – dass sie noch am Leben sei –, dass sie, anstatt, wie angenommen, in der Themse ertrunken sei war nach Frankreich geflohen, wo sie seitdem unter dem Schutz der Dauphines gelebt hatte.

Der Fall erklärt.

Er war natürlich nicht bereit, die wahren Umstände des Falles im Hinblick auf den Grund ihrer Flucht preiszugeben , und so erklärte er dem Grafen, dass der Grund, warum sie das Land verlassen habe, darin bestehe, der Ehe mit Gloucester zu entgehen, was der Fall gewesen wäre waren ihr äußerst unangenehm. Sie war jedoch inzwischen zurückgekehrt, und er wurde von ihr beauftragt, den Earl um Vergebung für das Geschehene zu bitten und um seine Zustimmung, dass er selbst – das heißt Somerset, der immer stark an ihr gehangen hatte und nun ihr gegenüber ... Der Tod seiner ehemaligen Frau war frei, sollte mit ihr in der Ehe vereint werden.

Somersets Vorschlag. Vorsichtige Fortschritte. Die Empörung des Grafen.

Wenn Somerset diesen Teil seiner Mission erfolgreich erfüllt hatte, dann hatte er es vor, als die Liebe des alten Earls zu seiner Tochter in seinem Herzen durch die freudige Nachricht, dass sie am Leben war, und durch die Aussicht auf eine glänzende Ehe für sie wieder erweckt werden sollte , um das Thema des Herzogs von Gloucester vorzustellen und ihm vielleicht vorsichtig den wahren Stand des Falles in Bezug auf die mörderische Gewalt zu enthüllen, mit der der Herzog seine Tochter angegriffen hatte und die der wahre Grund für ihre Flucht war. Aber der Earl gab ihm keine Gelegenheit, sich dem zweiten Teil seines Auftrags zu nähern. Nachdem er die Aussage gehört hatte, die Somerset ihm bezüglich seiner Tochter gemacht hatte, brach er in wütende Wut gegen sie aus. Er beschimpfte sie mit den schmählichsten Namen. Er hatte den vollen Beweis für ihre Schande und wollte nichts mehr mit ihr zu tun haben. Er hatte sie enterbt und ihren gesamten Anteil am Familienbesitz ihrem Bruder gegeben; und der einzige Grund, warum er jemals wünschte, sie wieder in seinen Blick zu bekommen, war, dass er ihr mit einem sichereren Schlag die Strafe auferlegen könnte, die Gloucester für sie vorgesehen hatte.

Somerset erkannte sofort, dass der Fall hoffnungslos war, und zog sich zurück.

Das Schema scheitert.

So schien der Versuch, Salisbury in die Verschwörung gegen den Herzog einzubeziehen, vorerst zu scheitern. Aber Margaret ließ sich keineswegs entmutigen. Sie trieb ihre Manöver und Intrigen auch auf anderen Gebieten mit so viel Fleiß und Erfolg voran, dass sie etwa zwei Jahre nach ihrer Ankunft in England feststellte, dass ihre Gruppe groß und stark genug war, um zu handeln.

KAPITEL X.

DER FALL VON GLOUCESTER.

Endlich kam die Zeit, in der Margaret ihre Pläne für reif zur Ausführung hielt. *Das Kabinett des Königs. Gloucester schickte nach.*

Eines Tages, als Henry und sie gemeinsam im Kabinett des Königs saßen und einige öffentliche Angelegenheiten erledigten, brachte Margaret einen Vorwand dafür vor, nach Gloucester zu schicken, und während Gloucester im Kabinett war, erschien Somerset nach einer vorab vereinbarten Vereinbarung Er öffnete mit einem Ausdruck von Aufregung und Besorgnis die Tür und bat um Einlass. Er wollte den König in einer Angelegenheit höchster Dringlichkeit sehen. Er durfte eintreten. Er hatte ein Papier in der Hand und sein Gesichtsausdruck sowie seine Miene und sein Benehmen verrieten große Besorgnis und Besorgnis. Sobald er jedoch den Herzog von Gloucester sah, schien er überrascht und verlegen zu sein und wollte sich gerade zurückziehen, da er sagte, er habe angenommen, dass der König und die Königin allein seien.

Eingang von Somerset.

Aber Margaret ließ nicht zu, dass er sich zurückzog.

„Bleiben Sie", sagte sie, „und lassen Sie uns wissen, was für eine Angelegenheit so dringend erscheint. Sie können frei sprechen. Außer uns ist hier niemand außer dem Minister des Königs, und vor ihm gibt es nichts zu verbergen." "

Somersets Anklage.

Als Somerset diese Worte hörte, hielt er einen Moment inne, sah Gloucester an, schien unentschlossen zu sein, und dann, als würde er sich zu großer Anstrengung anstrengen, ging er entschlossen voran und überreichte dem König das Papier, das er in seinen Händen hielt, und sagte: gleichzeitig in sehr feierlicher Weise, dass es Anschuldigungen schwerwiegendsten Charakters gegen Gloucester enthielt; und er fügte hinzu, dass es ihm im Großen und Ganzen nicht leid tat, dass der Angeklagte anwesend war, um zu erfahren, was ihm zur Last gelegt wurde, und um zu antworten, wenn er eine angemessene Rechtfertigung vorzubringen hätte.

Margaret schaltet sich ein.

Der Herzog schien wie vom Blitz getroffen. Auch der König war äußerst überrascht und schien sehr verlegen zu wirken. Margarete beendete die peinliche Spannung, indem sie dem König das Papier aus der Hand nahm und es öffnete, um es zu lesen.

„Lassen Sie uns sehen“, sagte sie, „was diese Anklagen sind.“

Die Anklage gegen Gloucester.

Die Anklage lautete.

Also öffnete sie die Zeitung und begann sie zu lesen. Die Anklagen waren zahlreich. Die wichtigste bezog sich auf einige Transaktionen in Bezug auf die englischen Herrschaftsgebiete auf dem Kontinent, bei denen Gloucester beschuldigt wurde, die Rechte und Interessen der Krone geopfert zu haben, um bestimmte eigene private Ziele zu fördern. Es gab zahlreiche weitere Anschuldigungen, die sich auf angebliche Usurpationen der Vorrechte des Königs und eigenmächtige Verstöße gegen die Gesetze des Landes bezogen. Unter diesen Letzteren wurde der Mord an Lady Neville aufgeführt, und die Tat wurde in den strengsten Worten als ein Verbrechen der tiefsten Farbe charakterisiert, das unter Umständen großer Gräueltat begangen wurde, obwohl der Autor der Anklage zugab, dass die Einzelheiten der Angelegenheit nicht bekannt waren waren nicht vollständig bekannt.

Der Herzog erklärt seine Unschuld.

Als Margaret diese Anschuldigungen eine nach der anderen las, bestätigte der Herzog jede einzelne ausdrücklich, dass sie völlig ungerecht sei. Einen Moment lang schien er überrascht und verwirrt zu sein, als ihm der Mord an Lady Neville zur Last gelegt wurde, aber er erholte sich bald und erklärte, dass er an diesem und allen anderen Verbrechen unschuldig sei. Die ganze Reihe von Anschuldigungen sei vom Anfang bis zum Ende ein Geflecht gemeiner Verleumdungen gewesen, sagte er.

Margarets kunstvolles Auftreten.

Margaret las die Zeitung durch und hielt nur von Zeit zu Zeit inne, um zu hören, was Gloucester zu sagen hatte, wann immer er den Wunsch äußerte, etwas zu sagen, ohne jedoch eigene Beobachtungen zu machen. Sie nahm tatsächlich die Miene und das Benehmen einer unbekümmerten und gleichgültigen Zeugin an. Nachdem sie mit dem Lesen des Papiers fertig war, faltete sie es zusammen und legte es beiseite. Gleichzeitig sagte sie dem König, dass dies sehr schwerwiegende und gewichtige Anschuldigungen seien und es dem Herzog gegenüber sehr ungerecht wäre, sie entgegen seinen positiven Erklärungen entgegenzunehmen seine Unschuld, ohne den klarsten und schlüssigsten Beweis.

Schlägt eine Untersuchung vor.

„Gleichzeitig", fügte sie hinzu, „sollten sie nicht leichtfertig ohne Untersuchung beiseite gelegt werden. Wir können nicht annehmen, dass der Herzog von Somerset solche Anschuldigungen ohne jegliche Beweise erhoben haben kann, die sie stützen."

Der Herzog von Somerset sagte sofort, dass er über vollständige Beweise für alle Anklagepunkte verfügte und bereit sei, die Beweise für einen oder alle von ihnen vorzulegen, wann immer Seine Majestät dies verlangen sollte.

Wählt eine Gebühr aus.

Dann schlug Margaret die Zeitung auf, und als sie die Liste der Anklagen noch einmal mit nachlässiger Miene durchging, fiel sie schließlich wie aus Versehen auf die Anklage, die sich auf den Mord an Lady Neville bezog.

„Welche Beweise haben Sie in Bezug auf diesen grausamen Mord, den Sie dem Herzog vorwerfen?"

Gloucester ist zufrieden. Der Mord.

Gloucester war im Moment sehr erleichtert, als er feststellte, dass dies der zuerst als Beweis ausgewählte Vorwurf war; Denn die Vorkehrungen , die er getroffen hatte, um sein Verbrechen in diesem Fall zu verheimlichen, waren so wirksam , dass er zuversichtlich war, dass es statt substanzieller Beweise gegen ihn schlimmstenfalls nur vage Verdachtsgründe geben konnte, und das war er auch zuversichtlich, dass er leicht nachweisen konnte, dass sie nicht ausreichten, um einen so schwerwiegenden Vorwurf zu begründen.

Erstaunen des Herzogs.

Somerset bat um Erlaubnis, sich für einige Momente zurückziehen zu dürfen. Sehr bald kehrte er zurück und brachte Lady Neville persönlich mit. Eine tatsächliche Auferstehung von den Toten hätte Gloucester nicht mehr in Erstaunen versetzen können als diese Erscheinung. Er war überwältigt von Staunen und fast von Schrecken. Lady Neville trat vor den König, fiel vor ihm auf die Knie und erzählte ihm von den Umständen des Angriffs von Gloucester auf das Boot in der Themse, von der grausamen Ermordung der Passagiere und Bootsleute und von der Wunde, die sie sich selbst zugefügt hatte der Dolch des Herzogs und die fast wundersame Art und Weise, wie sie entkommen konnte.

1447. Parlament.

Der Herzog, überwältigt von den Emotionen, die eine solche Szene in seinem Geist hervorrufen sollte, schien zuzugeben, dass das, was Lady Neville sagte, wahr war. Zumindest konnte er es nicht leugnen, und seine Verwirrung und sein Kummer kamen offenbar einem faktischen Schuldbekenntnis gleich . Margaret unterbrach das Verfahren jedoch bald, indem sie dem König sagte, dass der Fall eindeutig zu ernst sei, um auf so private und informelle Weise entschieden zu werden. Es sei Sache des Parlaments, darüber nachzudenken und zu entscheiden, was zu tun sei; und es sollten sofort Maßnahmen ergriffen werden, um es ihnen vorzulegen.

Daher wurden sowohl Gloucester als auch Somerset aus der königlichen Anwesenheit entlassen, was den König in einem Zustand großer Bedrängnis und Ratlosigkeit zurückließ.

Margarets Einfallsreichtum. Der König brachte herüber.

Dies ist die Geschichte der privaten Manöver , die Margaret durchführte, um den Einfluss zu zerstören, den der Herzog von Gloucester auf den Geist des Königs hatte, und um damit umfassendere Pläne vorzubereiten, ihn beim Parlament und bei der Nation zu ruinieren wird von einem ihrer berühmtesten Biographen erzählt. Ob es für diese besondere Geschichte eine Grundlage gab oder nicht, es besteht kein Zweifel daran, dass sie all ihren Einfallsreichtum und ihr Talent als Manöverin eingesetzt hat, um ihr Ziel zu erreichen, und dass es ihr gelungen ist. Der König ließ sich von ihren Ansichten überzeugen, und unter den Adligen und anderen einflussreichen Persönlichkeiten des Landes bildete sich eine so starke Partei gegen Gloucester, dass schließlich 1447 ein Parlament einberufen wurde, um die Angelegenheit in eine Krise zu bringen . [8]

Verrat. Romantik vermischt sich oft mit der Geschichte. Eine Erklärung.

Bei der Einberufung des Parlaments wurde jedoch nichts über die große und aufregende Angelegenheit gesagt, die ihnen vorgelegt werden sollte. Die Macht eines Mannes wie Gloucester war so groß, dass jeder offene Versuch, ihn zu verhaften, wahrscheinlich auf bewaffneten Widerstand gestoßen wäre und sofort zu einem Bürgerkrieg hätte führen können.

als Thronfolger erwähnt wurde . Es wurde gesagt, dass Gloucester heimlich mit Richard eine Verschwörung plante, um Heinrich abzusetzen und Richard an seiner Stelle auf den Thron zu erheben.

Frage der Nachfolge.

Die Frage der Nachfolge befand sich zu diesem Zeitpunkt wirklich in einem sehr merkwürdigen Zustand. Der Herzog von Gloucester selbst war Heinrichs Erbe für den Fall, dass er ohne Kinder sterben sollte; denn Gloucester war Heinrichs ältester Onkel, und in Ermangelung seiner Nachkommen ging die Krone natürlich an ihn zurück. Dies war vielleicht einer der Gründe, warum er sich gegen Henrys Heirat ausgesprochen hatte.

Position des Herzogs von York.

Solange Henry unverheiratet blieb, lag es daher in Gloucesters Interesse, die Rechte seines Familienzweigs – das heißt der Lancaster-Linie – gegenüber den Ansprüchen des Hauses York aufrechtzuerhalten. Aber falls Henry Kinder haben sollte, wäre er von der Nachfolge auf Lancaster-Seite ausgeschlossen, und dann könnte es in seinem Interesse liegen, sich für die Sache des Hauses York einzusetzen, vorausgesetzt, er könnte in Bezug auf seine bessere Bedingungen aushandeln Seine eigene Position und die Belohnungen, die er für seine Dienste auf der einen Seite erhalten sollte, waren höher als auf der anderen.

Gloucester alarmiert.

Nun war Henry verheiratet, und darüber hinaus war Gloucester schon seit langem klar, dass sein eigener Einfluss schnell abnahm. Die Szene im Kabinett des Königs, als Somerset diese Anklage gegen ihn erhob, muss seine Ängste hinsichtlich des Fortbestands seiner Macht unter Heinrichs Regierung erheblich verstärkt haben. Wenn es jedoch wahr war, dass er darüber nachdachte, mit dem Herzog von York gemeinsame Sache zu machen, so waren seine Pläne doch noch nicht so weit ausgereift, dass er eine offene Änderung seines Verhaltens vorgenommen hätte.

Einberufung des Parlaments.

Als der König und Margaret den Plan zur Einberufung eines Parlaments beschlossen, unternahm man daher alle Anstrengungen, um vor der Öffentlichkeit geheim zu halten, dass der Fall Gloucester vor die Öffentlichkeit gebracht werden sollte. Es wurde unter anderen Vorwänden einberufen. Der Treffpunkt war nicht wie üblich London, denn Gloucester war bei den Londonern so beliebt, dass man glaubte, dass er sich einem Versuch, ihn dort zu verhaften, sicherlich widersetzen und versuchen würde, ihn zu erheben ein Aufstand.

Bury St. Edmund's.

Das Parlament wurde daher zu einer Sitzung nach Bury St. Edmund's einberufen – einer Stadt etwa fünfzig oder sechzig Meilen nordöstlich von London, wo sich eine berühmte Abtei befand. [9] Das englische Parlament war damals, wie es in der Theorie auch heute noch der Fall ist, nicht mehr und nicht weniger als eine vom König einberufene Versammlung der führenden Persönlichkeiten des Reiches, damit sie dem Monarchen die Macht geben könnten Er konnte sie in jedem Notfall mit Rat oder Hilfe unterstützen, und er konnte sie zu sich rufen, damit sie ihn an jedem von ihm bestimmten Ort innerhalb des Königreichs betreuten.

Während sich die Partei der Königin durch die Einberufung des Parlaments zu einer Sitzung nach Bury St. Edmund's der Reichweite der Freunde und Anhänger von Gloucester entzog, die in und um die Hauptstadt sehr zahlreich waren, sorgte sie dafür, dort eine starke Streitmacht zu haben auf ihrer eigenen Seite, bereit, alles zu tun, was von ihnen verlangt werden könnte.

Die Abtei. Der Herzog wurde verhaftet.

Als der festgesetzte Tag kam, versammelte sich das Parlament. Es traf sich in der Abtei. Der große Speisesaal der Abtei oder das Refektorium, wie es genannt wurde, der Raum, in dem die Mönche ihre Mahlzeiten einzunehmen pflegten, war für ihren Empfang hergerichtet. Am ersten Tag wurde ein gewöhnliches Geschäft erledigt, und am zweiten wurde der Herzog plötzlich und ohne vorherige Warnung von dem Beamten, der bei diesem Dienst von einer starken Truppe begleitet und unterstützt wurde, verhaftet und sofort abgeführt der Turm.

Dieses Ereignis sorgte natürlich für große Aufregung. Die Nachricht davon verbreitete sich schnell im ganzen Königreich und löste überall Erstaunen und Besorgnis aus.

Unzufriedenheit der Menschen.

sofort Anklage gegen ihn erhoben würde und dass er sofort vor Gericht gestellt würde. Aber die Aufregung, die die Affäre ausgelöst hatte, wurde durch die Nachricht, dass einige Tage später die Runde gemacht wurde, dass er tot sei, um das Zehnfache gesteigert. Die Geschichte besagt, dass er eines Morgens tot in seinem Gefängnis aufgefunden wurde. Die Menschen glaubten dieser Aussage jedoch nur langsam. Sie dachten, er sei vergiftet oder auf andere gewaltsame Weise getötet worden. Die Regierungsbeamten erklärten, dass dies nicht der Fall sei; und um das Volk davon zu überzeugen, dass der Herzog eines natürlichen Todes gestorben war, ließen sie den Leichnam mehrere Tage lang der Öffentlichkeit zugänglich machen, bevor sie seine Beisetzung zuließen, damit alle sehen konnten, dass er keine Spuren von Blut aufwies Gewalt.

Die Menschen waren jedoch nicht zufrieden. Sie glaubten, dass es viele Möglichkeiten gäbe, den Tod herbeizuführen, ohne äußerliche Anzeichen von Gewalt an der Person zu hinterlassen. Sie glaubten weiterhin, dass ihr Favorit ermordet worden sei.

1449. Vermutliche Art seines Todes.

Über die Todesart wurde berichtet, dass Somerset ihn in seinem Gefängnis im Tower besuchte, um zu sehen, ob er sich nicht mit ihm einigen konnte, Gloucester seine Annäherungsversuche jedoch mit so viel Stolz und Verachtung zurückwies dass es zu einer wütenden Auseinandersetzung kam, in deren Verlauf Somerset mit Hilfe von Männern, die er mitgebracht hatte, den unglücklichen Gefangenen auf seinem Lager erwürgte oder erstickte und dann, nachdem er seine Gliedmaßen ordnete und seine Augen schloss, um ihn zu töten Geben Sie ihm den Anschein, als ob er schlummert. Seine Mörder gingen weg und ließen ihn zurück, sodass der Gefängniswärter ihn in diesem Zustand vorfand, als er kommen sollte, um ihm sein Essen zu bringen.

KAPITEL XI.

DER FALL VON SUFFOLK.

Zwei Jahre vergehen.

Nach dem Tod des Herzogs von Gloucester wurde Königin Margaret in ein perfektes Meer von Verschwörungen, Intrigen, Manövern und Machenschaften aller Art getaucht, deren vollständige Aufklärung einen ganzen Band erfordern würde. Dieser Zustand hielt zwei Jahre lang an. Während dieser Zeit geriet sie immer mehr in die Schwierigkeiten und Komplikationen, die sie umgaben, bis sie schließlich in sehr ernste Schwierigkeiten geriet. Ich kann hier nur kurz auf die prominenteren Ursachen ihrer Verwirrung eingehen.

Verdacht der Menschen. Ihre Herzen entfremdeten sich.

Erstens waren die Menschen in England sehr unzufrieden mit der Behandlung, die Gloucester erfahren hatte. Sie wollten nicht glauben, dass er eines natürlichen Todes gestorben war, und es setzte sich allgemein der Eindruck durch, dass die Königin der Grund für seine Ermordung war. Sie gingen nicht davon aus, dass sie buchstäblich befahl, ihn zu töten, sondern dass sie Andeutungen oder Andeutungen gab, wie es königliche Persönlichkeiten damals in solchen Fällen zu tun pflegten, und dass einige eifrige und skrupellose Anhänger es gewagt hatten, mit Gewissheit zu handeln ihr gefallen. Da Gloucester ein allgemeiner Favorit der Nation gewesen war, neigten diese Gerüchte und Verdächtigungen dazu, die Herzen des Volkes stark von der Königin zu entfremden. Viele begannen sie zu hassen. Sie nannten sie die Französin und machten ihrem Unmut in obskuren Drohungen und Gemurmel Luft.

Rückschläge in Frankreich. Gefühl in England.

Dieses Gefühl der Feindseligkeit gegenüber der Königin wurde durch die sehr unglückliche Wendung, die die Dinge in Frankreich zu dieser Zeit nahmen, noch verstärkt. Die Provinzen Maine und Anjou lagen direkt südlich der Normandie [10], letzteres war der wertvollste Besitz, den die englische Krone in Frankreich besaß, und diese beiden Provinzen waren zur Zeit Margaretes an die Franzosen übergeben worden Hochzeit. Nur unter der Bedingung, dass die Engländer sie aufgeben würden, konnte Lord Suffolk Margarets Vater dazu bewegen, der Heirat zuzustimmen. Suffolk war äußerst unwillig, diese Provinzen aufzugeben. Er wusste, dass die englischen Adligen und das englische Volk sehr unzufrieden sein würden, sobald sie erfuhren, dass die Transaktion durchgeführt wurde, und er fürchtete, dass er eines Tages zur Rechenschaft gezogen werden könnte, weil er an der Transaktion beteiligt gewesen war. Aber der König war so sehr in Margaret verliebt, dass er darauf bestand, dass Suffolk die von ihren Freunden geforderten Bedingungen erfüllte , und die Provinzen wurden abgetreten.

Yorker Regent in Frankreich.

Der Herzog von York war zu dieser Zeit Regent in Frankreich, doch Margaret verspürte ein gewisses Unbehagen hinsichtlich seiner Position dort. Er war der Vertreter und Erbe der rivalisierenden Linie; Und obwohl es in ihrem Interesse lag, ihm unter Henrys Regierung genügend Ansehen zu verschaffen, um zu verhindern, dass er unzufrieden und verzweifelt wurde, war es keine gute Politik, ihn auf eine zu hohe Position zu erhöhen. Sie war dementsprechend etwas ratlos, was sie tun sollte.

Somerset.

Kurz nach dem Tod von Gloucester fühlte sich Somerset, als er feststellte, dass er verdächtig war, in Gefahr und schlug Margaret vor, sich für einige Zeit in die Normandie zurückzuziehen. Margaret schlug vor, dass er anstelle des Herzogs von York die Regentschaft über die Normandie übernehmen sollte. Dem stimmte er schließlich zu. Der Herzog von York wurde abberufen und Somerset übernahm an seiner Stelle das Kommando über die Normandie.

Suffolks Absichten. Offene Grenze.

Als Suffolk den Ehevertrag zwischen Heinrich und Margaret aushandelte, war, wie bereits erwähnt, ein Waffenstillstand mit dem König von Frankreich geschlossen worden. Suffolk beabsichtigte und hoffte, einen dauerhaften Frieden zu schließen, aber es gelang ihm nicht, dies zu erreichen. Der König von Frankreich schien, sobald die Ehe vollzogen war, entschlossen, die Feindseligkeiten zu erneuern, und da er nun die Gebiete Maine und Anjou in seinem Besitz hatte, mit allen Burgen und Festungen, die diese Provinzen enthielten, konnte er dies tun Mit großer Leichtigkeit bis zu den Grenzen der Normandie auf dieser Seite vordringen und Expeditionen organisieren, um das Land auf die effektivste Weise zu erobern.

Vorwand für Krieg.

Er brauchte jetzt nur noch einen Vorwand, und in solchen Fällen findet man immer schnell einen Vorwand. Eine bestimmte Kompanie Soldaten, die infolge der Abtretung dieser Provinz an Frankreich aus einem Ort in Maine entlassen worden war, ging hinein, anstatt über die Grenze in die Normandie zu gehen, um sich dort den englischen Streitkräften anzuschließen, wie sie es hätten tun sollen Bretagne, eine weitere französische Provinz in der Nähe, und organisierten sich dort zu einer Art Räuberbande und verübten Plünderungen. Der König von Frankreich beschwerte sich darüber bei Somerset, denn dies geschah, nachdem Somerset das Kommando als Regent oder Gouverneur der Normandie übernommen hatte. Somerset gab den Sachverhalt zu und schlug vor, Schadensersatz zu zahlen. Der König nannte eine so hohe Summe, dass Somerset sie nicht bezahlen konnte oder wollte, und so wurde erneut der Krieg erklärt.

Rouen.

Invasion der Normandie.

Aufgrund der Vorteile, die der König von Frankreich durch den Besitz von Maine genoss, konnte er seine Invasionsarmee sehr effektiv organisieren. Er überquerte die Grenze mit großer Streitmacht, und nachdem er eine Reihe von Städten und Burgen eingenommen und die englische Armee in mehreren Schlachten besiegt hatte, drängte er schließlich Somerset nach Rouen, der Hauptstadt der Provinz – einer sehr alten und bemerkenswerten Stadt – und schloss sie ihn da oben.

Nach einer kurzen Belagerung musste Rouen kapitulieren, und Somerset musste nicht nur Rouen aufgeben, sondern auch mehrere andere wichtige Burgen und Städte aufgeben, um seine eigene Freiheit zu erlangen.

Die Normandie hat verloren.

So ging es im Jahr 1449 immer schlimmer zu, bis schließlich die gesamte Normandie verloren ging. Die Stadt Cherbourg, die in letzter Zeit wegen der dort errichteten riesigen Schiffs- und Militäranlagen so berühmt geworden ist, war der letzte Rückzugs- und Zufluchtsort der Engländer, und auch hieraus wurden sie schließlich vertrieben.

Wut des englischen Volkes. Der zuständige Minister.

Die Menschen in England waren in großer Wut. Der Hauptgegenstand ihres Unmuts war Lord Suffolk, der jetzt der erste Minister und anerkannte Regierungschef war. Während die Schwierigkeiten mit Gloucester andauerten, hatte Margaret ihn weitgehend im Hintergrund gehalten, damit die Öffentlichkeit ihn nicht mit diesen Transaktionen in Verbindung bringen oder ihn in irgendeiner Weise dafür verantwortlich machen konnte, obwohl kein Zweifel daran bestand, dass er war die ganze Zeit über der vertrauliche Freund und Berater der Königin. Nach dem Tod von Gloucester war er nach und nach in den Vordergrund gerückt worden, und nun war er seit einiger Zeit der anerkannte Minister der Krone und als solcher nach der Theorie der britischen Verfassung und nach den Vorstellungen der Engländer verantwortlich für alles , was getan wurde, und insbesondere für alles, was passiert ist, wie Unglück und Katastrophe.

Suffolk in Gefahr.

Natürlich gab es einen großen Aufschrei gegen Suffolk und auch, etwas versteckter, gegen die Königin, die Suffolk an die Macht gebracht hatte. Der ganze Unfug hatte seinen Ursprung, so hieß es, auch in der glücklosen Heirat Margaretes mit dem König und der Abtretung von Maine und Anjou an die Franzosen als Preis dafür. Ohne den Vorteil, den die Franzosen durch den Besitz dieser Grenzprovinzen erlangten, wäre es den Franzosen nie gelungen, in die Normandie einzudringen.

Blick auf Bordeaux.

Guienne .

Frankreichs an der Garonne befanden sich noch große Besitztümer der Engländer . Die Hauptstadt dieses Territoriums, das die berühmte Provinz Guienne war , war Bordeaux, [11] damals wie heute eine große und wichtige Stadt . Es liegt am Ufer des Flusses, wo er sich zum Meer hin zu verbreitern beginnt, und war daher für die Engländer sowohl mit ihren Schiffen als auch mit ihren Heeren auf dem Landweg zugänglich. Es war ein Ort von großer Stärke und beherrschender Stellung, der mit Burgen und Türmen zur Verteidigung von der Landseite aus sowie mit dicken Mauern und mächtigen Batterien am Ufer des Wassers ausgestattet war.

Bordeaux hat verloren.

Suffolk tat alles in seiner Macht stehende, um Verstärkung für die Armee in Guienne aufzustellen und zu entsenden , aber es war vergebens. Die Engländer wurden aus einer Stadt und einer Burg nach der anderen vertrieben, bis schließlich Bordeaux selbst fiel und alles verloren war.

Aufregung in England.

Der Groll und die Wut des englischen Volkes kannten nun keine Grenzen mehr. Suffolk wurde allgemein als Urheber all dieser schrecklichen Katastrophen angeprangert. Gegen ihn wurden Schmähschriften und Satiren geschrieben; Er wurde manchmal von der Londoner Bevölkerung beschimpft, wenn er auf der Straße erschien, und alles deutete auf einen aufziehenden Sturm hin. Im Herbst 1449 wurde schließlich ein Parlament einberufen. Als es einberufen wurde, erschien Suffolk wie üblich im House of Lords und erhob sich an seiner Stelle, um die Aufmerksamkeit der Kollegen auf die wütenden und rachsüchtigen Denunziationen zu lenken, mit denen die Öffentlichkeit ihn täglich überschüttete, und erklärte, dass er vollständig sei Er wusste nichts von den Verbrechen, die ihm zur Last gelegt wurden, und forderte seine Feinde auf, Beweise vorzulegen, um ihre Anschuldigungen zu stützen.

Dem Sturm trotzen.

Einem solchen kühnen Trotzgeist hätte es in manchen Fällen vielleicht gelingen können, die so schnell ansteigende Welle der Feindseligkeit und des Hasses zurückzudrängen, aber in diesem Fall schien er den gegenteiligen Effekt zu haben. Die Feinde von Suffolk im Unterhaus nahmen die Herausforderung sofort an. Sie waren stark genug, um das Haus mit sich zu tragen. Sie richteten eine Adresse an die Kollegen und forderten sie auf, die Verhaftung und Inhaftierung von Suffolk zu veranlassen. Sie würden, so sagten sie, sofort Beweise für seine Schuld vorlegen.

Vorwürfe erhoben.

Die Lords antworteten, dass sie einen von ihnen nur dann verhaften und einsperren könnten, wenn konkrete Anschuldigungen gegen ihn erhoben würden. Daraufhin erstellten die Commons sehr schnell eine Liste der Anklagepunkte und schickten sie an die Lords. Aufgrund dieser Anschuldigung ordneten die Lords die Verhaftung von Suffolk an und er wurde in den Tower geschickt.

Eine Amtsenthebung. Suffolk im Tower.

In den zwei Monaten, die auf seine Verhaftung folgten, waren seine Feinde eifrig damit beschäftigt, die Anklageschrift gegen ihn in Form zu bringen und die Beweise zu sammeln, mit denen sie ihn untermauern sollten, während die Königin ebenso ernsthaft und eifrig damit beschäftigt war, Mittel zu finden um ihn zu retten. Sie besuchte ihn angeblich heimlich in seinem Gefängnis und besprach mit ihm den Plan, den sie verfolgen wollte. Sie scheinen beide davon überzeugt gewesen zu sein, dass es für ihn unmöglich sei, in England zu bleiben und den Sturm zu überstehen. Die einzige sichere Möglichkeit bestünde für ihn darin, das Land für eine Weile zu verlassen, vorausgesetzt, es könnten Mittel gefunden werden, ihn wegzuholen. Der Plan, auf den sie sich zur Erreichung dieses Ziels geeinigt hatten, wird in der Fortsetzung zu sehen sein.

Er wird angeklagt. Suffolks Verteidigung. Er appelliert an den König.

Schließlich wurde er am 13. März vor das House of Lords geladen und die Anklageschrift wurde vorgelegt. Es gab eine Vielzahl von Vorwürfen, angefangen mit dem Vorwurf, die Provinzen Maine und Anjou böswillig und aus korrupten Motiven aufgegeben und so für immer an die Krone verloren zu haben, bis hin zu zahlreichen Vorwürfen wegen Amtsmissbrauchs und Eingriffen in die Vorrechte des Königs und von Handlungen, bei denen das Interesse und die Ehre des Landes seinem persönlichen Ehrgeiz oder privaten Zielen geopfert wurden . Suffolk verteidigte sich in einer allgemeinen Rede, ohne jedoch, wozu er berechtigt war, ein formelles Verfahren durch seine Kollegen zu fordern. Dieses Verfahren nahm mehrere Tage in Anspruch – solange Suffolk noch die Hoffnung hatte, dass er den Strom eindämmen könne. Als er jedoch am 17. März schließlich feststellte, dass der Druck gegen ihn ständig zunahm und dass es keine Chance auf einen Freispruch gäbe, wenn er einen Prozess beantragen würde, appellierte er an den König, seinen Fall zu entscheiden dass er sich, obwohl er an den ihm zur Last gelegten Verbrechen völlig unschuldig sei, ganz dem Willen Seiner Majestät unterwerfen würde.

Verbannungsurteil.

Als Reaktion auf diesen Appell erklärte der König durch den zuständigen Beamten im House of Lords, dass er nicht über die Frage der Schuld oder

Unschuld des Angeklagten entscheiden werde, da er keinen Prozess verlangt habe, sondern darüber nachgedacht habe Unter allen Umständen wäre es das Beste, dass Suffolk das Land verlässt. Deshalb erließ er gegen ihn eine Verbannungsverfügung für fünf Jahre. Er musste England vor dem 1. Mai verlassen und durfte vor Ablauf der fünf Jahre keinen Fuß auf englischen Boden setzen.

Die Leute waren wütend. Ein Aufstand.

Die Lords waren sehr unzufrieden darüber, dass ihnen die Angelegenheit so aus der Hand genommen wurde. Sie legten formellen Protest gegen diese Entscheidung ein, konnten aber nichts weiter unternehmen. Auch die Menschen waren sehr wütend. Sie erklärten, dass Suffolk London niemals lebend verlassen sollte; Und an dem Tag, an dem sie erwarteten, dass er aus dem Turm geholt und nach Frankreich gebracht werden sollte, beschloss eine auf den Straßen versammelte Meute von zweitausend Männern, ihn zu töten.

Suffolk entkommt auf dem Seeweg.

Aber die Königin erfand Mittel, um ihnen zu entgehen. Einige seiner Diener und Anhänger wurden gefangen genommen, aber es gelang ihm zu fliehen, und nachdem er zu seiner Burg auf dem Land gegangen war und dort einige eilige Vorkehrungen getroffen hatte, ging er an die Küste von Ipswich, einer Stadt im Süden östlichen Teil der Insel und schiffte sich dort mit einem Schiff nach Frankreich ein, das die Königin vorsorglich für ihn bereitgehalten hatte.

Suffolk wurde erneut gefangen genommen.

Das Schiff segelte sofort los und steuerte natürlich nach Süden, in Richtung der Straße von Dover. Als sie durch die Meerenge zwischen Dover und Calais fuhr, kam ein Kriegsschiff namens „Nikolaus vom Turm" in Sichtweite und näherte sich dem Schiff, gerade als sie gerade ein Boot an Land in Calais schickten, um sich zu erkundigen, ob Suffolk würde dort landen dürfen. Das Boot wurde abgefangen. Zur gleichen Zeit kam ein Boot des Kriegsschiffes an Bord und brachte Beamte mit, die den Auftrag hatten, das Schiff gründlich zu durchsuchen. Natürlich fanden sie Suffolk an Bord, und sobald Suffolk entdeckt wurde, teilte ihm der Offizier mit, dass er mit ihm an Bord des Kriegsschiffs gehen müsse.

Suffolk hatte keine andere Wahl, als zu gehorchen. Der Kapitän des Kriegsschiffes empfing ihn, als er das Deck betrat, mit den Worten: „Ich freue mich, dich zu sehen, Verräter" oder so etwas in der Art. Eine solche Begrüßung muss Suffolk deutlich gezeigt haben, was vor ihm lag. Das Kriegsschiff bewegte sich auf die englische Küste zu und begann, einigen Parteien an Land Signale zu geben. Sie blieb dort zwei Tage lang, tauschte auf diese Weise von Zeit zu Zeit Signale aus und wartete offenbar auf Befehle.

Seine Hinrichtung in einem Boot.

Endlich, am dritten Tag, verließ ein Boot das Ufer und war mit allem ausgestattet , was für die Hinrichtung eines Verbrechers notwendig war. Es gab eine Plattform mit einem Block darauf, einer Axt oder einem Hackmesser und einem Henker. Suffolk wurde an Bord des Bootes gebracht, und dort wurde mit sehr wenig Zeremonie sein Kopf auf den Block gelegt, und der Henker begann sofort mit seiner Aufgabe, ihn vom Körper abzutrennen. Aber entweder aufgrund der Unruhe des Bootes, der Ungeeignetheit des Instruments oder der Ungeschicklichkeit des Bedieners waren fünf Schläge erforderlich, bevor die blutige Tat vollbracht wurde.

Entsorgung des Körpers.

Das Boot fuhr sofort zum Ufer. Die Männer an Bord warfen die abgetrennten Überreste an den Strand und machten sich dann auf den Weg.

Als einige Freunde von Suffolk hörten, was geschehen war, kamen sie zum Strand hinunter, und als sie die einzelnen Körperteile im Sand fanden, wo sie hingeworfen worden waren, legten sie sie ehrfürchtig wieder zusammen und bestatteten sie ehrenvoll.

KAPITEL XII.

GEBURT EINES PRINZEN.

1453.

Nach dem Tod von Suffolk wurde die Königin in ein Meer ängstlicher Ratlosigkeit und Nöte getaucht, die das Königreich weiterhin beunruhigten und ihr Gemüt aufwühlten, bis sie schließlich im Jahr 1453, acht oder neun Jahre nach ihrer Heirat, ein Kind zur Welt brachte Sohn. Dieses Ereignis, so seltsam es auch erscheinen mag, verschärfte die Schwierigkeiten ihrer Situation um das Zehnfache.

Margaret steckt in großen Schwierigkeiten. Die Politik gegenüber dem Herzog von York.

Der Grund, warum die Geburt ihres Kindes ihre Probleme verstärkte, war folgender. Es wurde bereits gesagt, dass der Herzog von York behauptete, der rechtmäßige Herrscher Englands zu sein, weil er aus einem älteren Zweig der königlichen Familie stammte; Da Heinrich jedoch bereits den Thron bestieg, sei er geneigt, keinen Versuch zu unternehmen, seine Ansprüche geltend zu machen, solange klar sei, dass er das Königreich nach Heinrichs Tod erhalten würde. Um ihn in dieser Position zufrieden zu stellen, war es Margarets Politik gewesen, ihn mit großer Rücksicht zu behandeln und ihm hohe Ehren zu erweisen, ihn aber gleichzeitig sehr genau zu überwachen und es zu vermeiden, ihm solche zu verleihen Er verfügt über eine so beträchtliche Macht im Reich Englands, die es ihm ermöglichen würde, den Thron zu erobern. Sie verlieh ihm dementsprechend die Regentschaft über Frankreich, und als sie ihn später aus diesem Land zurückrief, um Somerset dorthin zu schicken, schickte sie ihn nach Irland.

Somersets Rückkehr nach England.

Nach dem Tod von Suffolk kehrte Somerset aus Frankreich nach Hause zurück. Tatsächlich war er gerade auf dem Heimweg, als Suffolk getötet wurde, da die dortigen englischen Besitztümer fast vollständig verloren gegangen waren. Sobald er zurückkam, empfing ihn die Königin am Hofe in hoher Gunst und ernannte ihn bald zum obersten Minister der Krone. Die Bevölkerung des Landes war darüber unzufrieden und zeigte bald Anzeichen großer Unzufriedenheit. Sie hätten sich höchstwahrscheinlich in offener Rebellion erhoben, wenn Heinrichs Gesundheitszustand nicht so schwach gewesen wäre und die Wahrscheinlichkeit so groß gewesen wäre, dass er ohne Nachkommen sterben würde – in diesem Fall würde die Krone friedlich an den Herzog von York und seine Erben übergehen.

Die Leute, die bereit sind zu warten.

„Lasst uns eine kurze Zeit warten", sagten sie, „dann wird alles gut. Es ist besser, die Übel dieses Zustands etwas länger zu ertragen, als das Land dadurch in die Schrecken eines Bürgerkriegs zu stürzen." die Dynastie gewaltsam zu ändern, bevor Heinrich stirbt."

Es bildeten sich zwei Parteien. Die Adligen. Die beiden Anführer.

in der Zwischenzeit jedoch die vorherrschende öffentliche Meinung war, um einen tatsächlichen Ausbruch zu verhindern, bewahrte es die Gemeinschaft keineswegs davor, unnötig von Ängsten und Befürchtungen, dass es zu einem Ausbruch kommen könnte, aufgewühlt zu werden , und tat dies auch nicht Verhindern Sie, dass unzählige Verschwörungen und Verschwörungen entstehen, die dazu führen könnten. Das Land war in zwei große Parteien gespalten – diejenigen, die den Herzog von York und seine Dynastie bevorzugten, und diejenigen, die dem Haus Lancaster anhingen. Die Adligen ergriffen im Streit Partei, einige offen, andere im Geheimen. Da diese Adligen an der Spitze mehr oder weniger gewaltiger bewaffneter Truppen ständig von einer Burg zur anderen oder zwischen dem Land und London hin und her zogen , konnte niemand sagen, welche Pläne geschmiedet wurden oder wie bald es zu einer Explosion kommen würde Kann passieren. Der Herzog von York war natürlich das Oberhaupt und Anführer der einen Seite, und der Herzog von Somerset war als vertraulicher Ratgeber und Minister Heinrichs und der Königin der prominenteste auf der anderen Seite und jeder dieser großen Anführer betrachtete den anderen mit Gefühlen tödlicher Feindschaft.

Der Tempelgarten.

Dieser Zustand hielt sowohl den König als auch die Königin in ständiger Angst. Die Königin begann zu erkennen, dass sie sich durch ihre Manöver und ihr Management in Schwierigkeiten verwickelt hatte, die außerhalb ihrer Kontrolle lagen, und der arme König wurde von seinen Sorgen und Ratlosigkeiten so sehr geplagt, dass seine Gesundheit und schließlich auch sein Geist ins Wanken gerieten schwer leiden.

Der Herzog von York kommt nach England.

Schließlich überquerte der Herzog von York ohne Erlaubnis der Regierung von Irland aus den Kanal und landete in England. Bald stellte er eine große Streitmacht zusammen und begann, quer durch das Land in Richtung London zu ziehen. Die Regierung war sehr beunruhigt. Er gab vor, keine feindseligen Absichten im Sinn zu haben und erklärte, dass er immer noch seine Treue zur Lancaster-Linie anerkenne; aber es gab keine Möglichkeit, sicher zu sein, dass dies kein bloßer Vorwand war und dass er nicht zu irgendeinem Zeitpunkt seine Maske abwerfen und sich in offener Rebellion erheben könnte.

Die Rosen. Ursprung dieser Symbole.

Ungefähr zu dieser Zeit wurden, wie bereits erwähnt, die berühmten Symbole der roten und weißen Rose als Wappen der Häuser York und Lancaster gewählt. Die Geschichte besagt, dass zu einer bestimmten Zeit, während mehrere Adlige und Personen des Hofes im sogenannten Temple Garden, einem Stück offenem und dekorativem Gelände am Ufer des Flusses in London, Somerset und Warwick, spazieren gingen Verschiedene Seiten in diesem Streit versammelten sich, die eine eine weiße, die andere eine rote Rose, und schlugen der übrigen Gesellschaft vor, auch Rosen zu pflücken, jeder nach seinen eigenen Gefühlen und Meinungen. Von diesem Anfang an wurden die beiden Farben zum dauerhaften Abzeichen der beiden Linien, so dass schließlich künstliche Rosen in Rot und Weiß in großer Zahl hergestellt wurden, um die Soldaten der jeweiligen Armeen zu versorgen.

Eine Expedition. Angst vor dem König.

Aber zurück zum Herzog von York. Als sich herausstellte, dass er in Richtung London vorrückte, forderte Somerset den König auf, sich an die Spitze einer Truppengruppe zu stellen, ihm entgegenzugehen und ihn für sein Vorgehen zur Rechenschaft zu ziehen. Der König tat es, die Königin begleitete die Expedition. Sie war sehr besorgt und fürchtete sich sehr um die Sicherheit des Königs. Nach verschiedenen Märschen und Manövern kamen die beiden Armeen in der Grafschaft Kent südöstlich von London einander nahe. König Heinrich, der vor allem ein Mann des Friedens war, keinerlei kriegerische Eigenschaften besaß und dem Blutvergießen äußerst abgeneigt war, sandte, anstatt den Herzog von York anzugreifen, einen Boten zu ihm, um zu erfahren, welche Absichten er mit seinem Kommen hatte an der Spitze einer solchen Truppe ins Land kam und was er wollte.

Berufe.

Der Herzog antwortete, dass er keine Absichten gegen den König habe, sondern nur gegen den Verräter Somerset, und er sagte, dass er zufrieden sein und seine Truppen auflösen würde, wenn der König anordnen würde, dass Somerset verhaftet und vor Gericht gestellt werde.

Einen Termin

Als der König diese Nachricht erhielt, war er sehr beunruhigt und verwirrt, kam aber schließlich auf Anraten einiger seiner Berater zu dem Schluss, dieser Forderung nachzukommen. Er ließ Somerset verhaften und teilte dies dem Herzog von York mit. Der Herzog von York löste daraufhin seine Armee auf oder schickte zumindest die Truppen weg und vereinbarte einen Termin, um den König unbeaufsichtigt in seinem Zelt zu besuchen, um mit ihm die Bedingungen einer dauerhaften Versöhnung zu besprechen.

Somerset verborgen.

Dieses Interview führte zu einer sehr außergewöhnlichen Szene. Es scheint, dass die Königin die Mittel erfunden hatte, Somerset nach seiner Verhaftung heimlich freizulassen und ihn heimlich zum Pavillon des Königs zu bringen und ihn dort hinter dem Arras zu verstecken, als der Herzog von York eingelassen werden sollte, damit er , Somerset, könnte Zeuge des Interviews sein. Während er so geheim gehalten wurde, kam der Herzog von York herein. Er begann seine Unterredung mit dem König, indem er ernsthaft wiederholte, was er zuvor gesagt hatte, nämlich , dass er zu dem, was er getan hatte, nicht durch ein Gefühl der Feindseligkeit gegen den König angetrieben worden sei. aber nur gegen Somerset. Sein einziger Zweck, als er zu den Waffen griff, sei, sagte er, gewesen, dass dieser Erzverräter bestraft werde.

Szene im Zelt. Heftige Auseinandersetzung. Der Herzog von York inhaftiert.

Als Somerset diese Worte hörte, konnte er sich nicht länger zurückhalten, aber zum Erstaunen des Herzogs von York und zur völligen Bestürzung des Königs stürzte er aus seinem Versteck und begann, den Herzog mit der heftigsten Gewalt anzugreifen Vorwürfe, dass sein Anspruch auf Freundschaft mit Heinrich falsch sei und dass die eigentliche Absicht seiner Bewegungen darin bestehe, den Thron an sich zu reißen. Der Herzog antwortete mit ebenso heftigen Denunziationen und Drohungen. Während diese Auseinandersetzung andauerte, blieb der König benommen und sprachlos, und schließlich, als der Herzog sich zurückzog, standen Beamte vor der Tür, um ihn zu verhaften, die von der Königin dort stationiert worden waren.

Freigegeben.

Er wurde jedoch nur kurze Zeit gefangen gehalten, denn sein Sohn, der später Eduard IV. wurde, begann sofort damit, eine Armee aufzustellen, um ihn freizulassen. Aus anderen Gründen wurde es als gefährlich angesehen, einen solchen Mann in Schach zu halten, da wahrscheinlich mehr als die Hälfte des Königreichs auf seiner Seite stand. Daher wurde ihm seine Freiheit unter der Bedingung angeboten, dass er dem König einen neuen und feierlichen Treueid leisten würde.

Dem stimmte er zu, und der Eid wurde mit großer Zeremonie in der St. Paul's Cathedral abgelegt, und dann wurde er entlassen. Er ging zu einem seiner Schlösser auf dem Land und murmelte tiefe und ernste Rachedrohungen.

Geburt des Prinzen.

Ungefähr ein Jahr später wurde Margarets Kind geboren. Es war ein Sohn.

Frage der Nachfolge. Neue Schwierigkeiten.

Natürlich vergrößerte die Geburt dieses Kindes die Schwierigkeiten und Gefahren, denen das Königreich ausgesetzt war, enorm, denn sie schien die Hoffnung auszulöschen, dass der Streit dadurch beigelegt werden würde, dass die Familie York nach dem Tod Heinrichs friedlich die Krone erobern würde. Nun gab es endlich einen Erben für die Lancastrian-Linie. Natürlich würden Margaret und alle, die durch Blutsverwandtschaft oder politische Parteilichkeit mit der Lancastrian-Linie verbunden waren, beschließen, die Rechte dieses Erben zu unterstützen. Andererseits war nicht davon auszugehen, dass der Herzog von York auf seine Ansprüche verzichten würde und er keinen Anlass mehr hätte, ihre Geltendmachung aufzuschieben. So war die Geburt des jungen Prinzen die Gelegenheit, das Land in neue und fieberhaftere Aufregung als je zuvor zu stürzen. Verschwörungen und Gegenverschwörungen, Verschwörungen und Gegenverschwörungen waren an der Tagesordnung. Jeder Körper ergriff Partei oder traf zumindest Vorkehrungen, um Partei zu ergreifen, sobald der Ausbruch stattfinden sollte. Und niemand wusste, wie bald das sein würde.

Prinz von Wales.

Das Kind wurde an einem bestimmten religiösen Feiertag namens St. Edward's Day geboren und deshalb nannten sie es Edward. Wenige Monate nach seiner Geburt wurde er zum Prinzen von Wales ernannt, und nur unter diesem Titel ist er in der Geschichte bekannt, denn er wurde nie König.

KAPITEL XII.

KRANKHEIT DES KÖNIGS.

Seltsame Umkehrungen.

Die Umstände im Fall der armen Margaret scheinen alle gewöhnlichen Bedingungen des häuslichen Glücks auf den Kopf gestellt zu haben. Die Geburt ihres Sohnes brachte sie in einen Zustand äußerster und schrecklicher Gefahr, während das unmittelbare Ausbrechen des Sturms abgewendet wurde und die Leiden, die sie schließlich als Folge davon ertragen musste, um einige Zeit hinausgezögert wurden Unter normalen Umständen wäre sie das schlimmste aller Unglücke: der Wahnsinn ihres Mannes. Glücklich wie eine Königin, sagt das Sprichwort, aber was für eine Verhöhnung des Glücks ist das, wenn die Geburt eines Kindes ein großes häusliches Unglück darstellt, dessen Übel durch einen unerwarteten Segen nur teilweise abgewendet oder vielmehr aufgeschoben werden konnten Form des Wahnsinns des Mannes und Vaters.

Der Wahnsinn des Königs. Sein Zustand verschwieg. Margarets Politik.

Henrys Gesundheitszustand hatte sich viele Monate vor der Geburt des kleinen Edward allmählich verschlechtert. Die Sorgen und Ängste seiner Situation, die oft so extrem wurden, dass er ihm jegliche Ruhe und Schlaf nahm, wurden schließlich zu schwer für ihn, um sie zu ertragen, und sein schwacher Intellekt brach schließlich völlig zusammen. Die Königin tat alles in ihrer Macht stehende, um seinen Zustand vor dem Volk und sogar vor dem Hof zu verbergen. Dies war verhältnismäßig einfach, da die Störung in ihrer Form überhaupt nicht gewalttätig war. Es war eine Art Lethargie, ein völliges Versagen der geistigen Kräfte und fast des Bewusstseins – eher Idiotie als Manie. Die Königin brachte ihn nach Windsor und hielt ihn dort streng geheim, gab zu, dass er krank war, verheimlichte jedoch seine wahre Situation, soweit es in ihrer Macht stand, und führte in der Zwischenzeit die Regierung in seinem Namen weiter die Hilfe von Somerset und anderen großen Staatsbeamten, denen sie ihr Vertrauen schenkte. Parlament und Öffentlichkeit waren angesichts dieser Lage sehr beunruhigt. Der Herzog von York schmiedete seine Pläne, und alle wollten unbedingt wissen, was kommen würde. Aber Margarete erlaubte niemandem, unter welchem Vorwand auch immer, das Gemach des Königs zu betreten, außer denen, die in ihrem Vertrauen standen und völlig unter ihren Befehlen standen.

Tod des Erzbischofs. 1454. Eine Deputation.

Schließlich starb etwa zwei Monate nach Edwards Geburt der höchste Würdenträger der Kirche, der Erzbischof von Canterbury. Dieses Ereignis gab den alten Bräuchen des Reiches zufolge dem House of Lords das Recht, eine Abordnung zum König zu schicken, um ihm sein Beileid auszusprechen und seine Wünsche in Bezug auf die bei diesem Anlass zu ergreifenden Maßnahmen zu ermitteln.

Dieses Komitee begab sich dementsprechend nach Windsor, und da es sich dabei an der Autorität alter Bräuche orientierte, die in England damals noch mehr als nur die Kraft des Gesetzes hatten, konnte ihnen der Zutritt nicht verweigert werden. Sie fanden den König hilflos und bewusstlos da und konnten von ihm keine Antwort auf das, was sie ihm sagten, oder ein Zeichen dafür erhalten, dass in seinem Kopf auch nur der geringste Funke Intelligenz verblieben war.

Die Politik des Herzogs. Der Herzog wurde zum Regenten ernannt.

Der Ausschuss berichtete diese Tatsachen dem House of Lords. Als die Gruppe des Herzogs von York feststellte, wie ernst die Krankheit des Königs war, beschloss sie, noch etwas länger zu warten. Es bestand eine große Wahrscheinlichkeit, dass der König bald sterben würde. Auch das Leben des kleinen Sohnes war natürlich sehr prekär. Möglicherweise überlebte er die Gefahren der Kindheit nicht, und in diesem Fall würde der Herzog von York sofort und ohne Kampf den Thron besteigen. Es kam also zu einer Art Kompromiss. Das Parlament ernannte den Herzog von York zum Beschützer und Verteidiger des Königs während seiner Krankheit oder bis Edward, der junge Prinz, das richtige Alter für die Übernahme der Regierung erreicht hatte. Zu dieser Zeit wurde der junge Edward zum Prinzen von Wales ernannt. Die Verleihung dieses Titels an ihn wurde von beiden Kammern des Parlaments bestätigt. Sie verfügten daher feierlich, dass, obwohl der Herzog von York während der Krankheit des Königs und der Minderheit Eduards die Regierung ausüben sollte, das Königreich dennoch Eduard als rechtmäßigem Erben vorbehalten und er in Besitz genommen werden sollte der souveränen Macht, entweder als Regent für den Fall, dass sein Vater bis zu diesem Zeitpunkt weiterleben sollte, oder als König , wenn er in der Zwischenzeit sterben sollte.

Die Hoffnungen des Herzogs.

Der Herzog von York und seine Freunde stimmten dieser Vereinbarung zu, in der Hoffnung, dass der Prinz nie zu jahrelanger Diskretion kommen würde, sondern dass sowohl Vater als auch Sohn schon vor vielen Jahren und vielleicht schon vor vielen Monaten sterben würden. Er hielt es auf jeden Fall für besser, eine Zeit lang ruhig zu warten, zumal er während dieser Zeit des Wartens im Wesentlichen in den Besitz der höchsten Macht gelangte.

Margaret unzufrieden.

Königin Margarete selbst war äußerst unzufrieden mit der Vereinbarung, durch die der Herzog von York zum Regenten ernannt wurde, da sie dadurch natürlich ihrer gesamten Macht beraubt wurde. Aber sie konnte nichts dagegen tun. Außerdem war ihr Geist so erfüllt von den mütterlichen Gefühlen und Zuneigungen, die ihre Situation hervorrief, und von der Fürsorge für das Kleinkind, dass sie eine Zeit lang kein Herz für politische Auseinandersetzungen hatte.

Ihr Zustand.

Gleichzeitig mit der Ernennung des Herzogs von York zum Regenten und damit der faktischen Entmachtung der Königin setzte das Parlament ihr außerdem eine großzügige Rente auf, die es ihr ermöglichen sollte, mit ihr zu leben Sohn, in einem Zustand, der ihrem Rang und ihrem Ehrgeiz entspricht. Ein Motiv, das sie dazu veranlasste, bestand zweifellos darin, sie dazu zu bringen, dieser Änderung zuzustimmen und in der Position, in die sie sie so gebracht hatten, ruhig zu bleiben.

Zusätzlich zu den großzügigen Versorgungsleistungen, die das Parlament der Königin gewährte, sorgten sie reichlich für die Wahrung der Würde und die Ausbildung des jungen Prinzen. Unter anderem wurde eine Kommission aus fünf Ärzten eingesetzt, die über seine Gesundheit wachen sollte.

Sie beschließt, sich zu unterwerfen.

Margaret war umso leichter zu überreden, diesen Vereinbarungen zuzustimmen, als sie glaubte, dass der Zustand, zu dem sie führten, nur von kurzer Dauer sein würde. Sie glaubte fest daran, dass sich ihr Mann erholen würde und dass dann die Regentschaft des Herzogs von York enden würde und der König – das heißt der König dem Namen nach , in Wirklichkeit aber sie selbst – wieder an die Macht kommen würde. Also beschloss sie, den richtigen Zeitpunkt abzuwarten.

Das Establishment der Königin in Greenwich.

Sie zog sich daher aus London zurück und richtete in ihrem Palast in Greenwich, wo sie ihren Hof hielt, eine eigene Niederlassung ein und lebte in einem Stil der Pracht und Zeremonie, wie er angemessen gewesen wäre, wenn sie eine regierende Königin gewesen wäre. Auch ihr alter Favorit, Somerset, war zunächst eine der Hauptpersönlichkeiten ihres Hofes; Aber eine der ersten Amtshandlungen der Regentschaft des Herzogs von York bestand darin, einen Haftbefehl gegen ihn zu erlassen. Als die Offiziere diesen Befehl ausführten, nahmen sie ihn im Anwesenheitszimmer der Königin fest. Margaret war über diese Tat äußerst empört. Sie erklärte, es handele sich nicht nur um einen Akt politischer Feindseligkeit, sondern um eine Beleidigung. Sie war jedoch völlig hilflos. Der Herzog von York hatte nun die Macht und war gezwungen, sich zu unterwerfen.

Ihre Fürsorge für Henry.

Aber sie musste nicht lange in dieser demütigenden Position bleiben. Sie sorgte dafür, dass ihr Mann die bestmögliche ärztliche Beratung und Betreuung erhielt, widmete sich ihm mit größter Hingabe und stellte schließlich mit Genugtuung fest, dass er begann, sich zu bessern. Die Besserung setzte im November ein, etwa acht oder zehn Monate nachdem er zum ersten Mal in den Zustand der Bewusstlosigkeit geraten war . Als er endlich zu sich kam, kam es ihm vor, sagte er, als erwache er aus einem langen Traum.

Erholung.

Margaret war überglücklich, diese Zeichen der Rückkehr der Intelligenz zu sehen. Sie sehnte sich nach der Zeit, in der sie dem König ihren Jungen zeigen konnte. Er hatte das Kind bisher noch nie gesehen.

Der Prinz zeigte es ihm. Zeichen der Rückkehr des Bewusstseins.

Eine ziemlich klare Vorstellung von dem Zustand der Dummheit oder Bewusstlosigkeit, in dem er gelogen hatte, erhalten wir aus dem Bericht darüber, was er bei dem Interview getan und gesagt hat, als der kleine Prinz zum ersten Mal in seine Gegenwart gebracht wurde. Es ist wie folgt:

„Am Montagmittag kam die Königin zu ihm und brachte meinen Herrn Prinzen mit, und dann fragte er, wie der Prinz hieß, und die Königin sagte zu ihm: „Edward“, und dann hob er seine Hände und... Ich dankte Gott dafür.

„Und er sagte, er hätte ihn bis dahin nie gekannt und auch nicht gewusst , was man ihm gesagt hatte, und auch nicht gewusst , wo er bis jetzt gewesen war, als er krank gewesen war. Und er fragte, wer die Paten seien, und die Königin sagte ihm: und er war sehr zufrieden.

„Und sie sagte ihm, der Kardinal sei tot, [12] und er sagte, er habe bis zu diesem Zeitpunkt nie davon erfahren; Dann sagte er, einer der weisesten Herren in diesem Land sei tot.

„Und mein Herr von Winchester und mein Herr von St. Johannes von Jerusalem waren am Morgen nach dem zwölften Tag bei ihm, und er redete so gut wie immer mit ihnen, und als sie herauskamen, weinten sie vor Freude. Und er sagte: Er ist in Nächstenliebe mit der ganzen Welt, und so möchte er alle Herren sein. Und jetzt spricht er Matinen unserer Lieben Frau und Abendlieder und hört andächtig seiner Messe zu.“

Der König wurde wieder eingesetzt.

Im ersten Moment, als der König es ertragen konnte, ließ Margaret ihn in das House of Lords befördern, wo er die Ausübung seiner königlichen Macht wieder aufnehmen konnte, indem er seinen Platz auf dem Thron einnahm und einen Akt der Souveränität vollzog. Die Regentschaft war nun natürlich

zu Ende, und der Herzog von York verließ London und machte sich voller
Verzweiflung auf den Weg ins Land.

Nun kam natürlich wieder die Königin an die Macht. Das erste, was sie
tat, war, Somerset aus seiner Haft zu befreien und ihn wieder als
Premierminister der Krone einzusetzen.

KAPITEL XIV.

ANGST UND ÄRGER.

Eine Menge Ärger. Wütende Streitigkeiten. Gehorsamsverweigerung.

Ungefähr sechs Jahre lang nach dieser Zeit, das heißt von der Geburt von Prinz Edward bis zu seinem sechsten Lebensjahr, und während Margaret von ihrem vierundzwanzigsten in ihr dreißigstes Lebensjahr vorrückte, war ihr Leben von ständiger Angst, Streit und Unruhe geprägt Alarm. Der Herzog von York und seine Partei sorgten für ständige Schwierigkeiten und den Streit zwischen ihm und dem Earl of Warwick und den anderen Adligen, die sich für seine Sache einsetzten, auf der einen Seite und der Königin, unterstützt vom Herzog von Somerset und anderen großen Lancastrianern Partisanen hingegen hielten das Königreich ständig in Aufruhr. Manchmal erschöpfte sich die Wucht des Streits in Intrigen, Manövern und Verschwörungen , oder in heftigen und wütenden Debatten im Parlament oder in erbitterten Feindseligkeiten und Auseinandersetzungen im privaten und gesellschaftlichen Leben. Zu anderen Zeiten brach ein offener Krieg aus, und immer wieder war Margaret gezwungen, ihr Kind den Händen von Krankenschwestern und Vormunden zu überlassen, während sie mit ihrem armen, hilflosen Ehemann dem Lager folgte, um dem Lager zu begegnen und es zu überwinden Militärversammlungen, die der Herzog von York ständig auf seinen Burgen auf dem Land oder auf den offenen Feldern zusammenbrachte.

Der Gesundheitszustand des Königs war während dieser ganzen Zeit so schwach und sein Geist, besonders zu bestimmten Zeiten, so schwach, dass er fast so hilflos war wie ein Kind. In der Familie gab es eine erbliche Veranlagung zum Wahnsinn, was seinen Fall noch entmutigender machte.

Arten, den König zu amüsieren. Die singenden Jungs.

Königin Margaret gab sich die größte Mühe, ihn zu unterhalten und ihm Beschäftigungen zu bieten, die seine Gedanken auf sanfte und beruhigende Weise beschäftigten. Wenn sie durch das Land reiste, beschäftigte sie Minnesänger, die ihm vorsangen und spielten; und um einen ständigen Nachschub an diesen Künstlern zu gewährleisten und sie in ihrer Kunst gut auszubilden, sandte sie Anweisungen an die Sheriffs der Landkreise in allen Teilen des Königreichs und forderte sie auf, nach all den schönen Jungen zu suchen, die es gibt gute Stimmen zu haben und sie in der Kunst der Musik unterrichten zu lassen, damit sie bereit wären, wenn sie dazu aufgefordert würden, vor dem König aufzutreten. In der Zwischenzeit sollte ihnen ein guter Lohn gezahlt werden und sie sollten bereits bei Erhalt ihrer

Unterweisung davon ausgegangen werden, dass sie im Auftrag und im Dienst der Königin handelten.

Vorgetäuschte Pilgerfahrten. Der König tröstete.

Margaret und die anderen Freunde des Königs erfanden verschiedene andere Methoden, um seinen Geist zu amüsieren und zu trösten, von denen einige nicht sehr ehrlich waren. Eine davon bestand zum Beispiel darin, dass verschiedene Adlige und Herren zu ihm kamen und ihn um Erlaubnis baten, das Königreich zu verlassen, um zu verschiedenen ausländischen Heiligtümern zu pilgern, um Gelübde zu erfüllen und Opfergaben und Gebete für die Wiederherstellung seines Reiches darzubringen Gesundheit der Majestät. Der König war von sehr frommer Gesinnung, und seine Gedanken beschäftigten sich häufig mit religiösen Themen und besonders mit der Durchführung der damals üblichen Riten und Zeremonien, und es schien ihm sehr zu trösten, sich das vorzustellen dass seine Freunde so lange Pilgerreisen unternehmen würden, um für ihn zu beten.

So baten die Adligen und andere große Persönlichkeiten ihn um seine Zustimmung, dass sie gehen durften, und verabschiedeten sich feierlich von ihm, als ob sie wirklich gehen würden, und hielten sich dann eine Weile außer Sicht, bis der arme Patient ihre Bitte vergessen hatte.

Eine echte Pilgerreise.

Es wird jedoch gesagt, dass ein Adliger, der Herzog von Norfolk, der ein so gutherziger Mann war, dass er sich den Namen „Guter Herzog" nannte, in diesem Auftrag tatsächlich die Pilgerfahrt nach Jerusalem unternahm und dort Gebete sprach In der berühmten Kapelle des Heiligen Grabes flehte er um die Wiederherstellung der Gesundheit seines Herrschers.

Der Stein der Weisen. Versprochene Schätze.

Sie amüsierten und erheiterten auch den Geist des Königs, indem sie ihm von Zeit zu Zeit sagten, dass er durch die Entdeckung des Steins der Weisen mit unerschöpflichen Schätzen des Reichtums versorgt werden würde. Der Stein der Weisen war eine imaginäre Substanz, die die Alchemisten jener Tage ständig zu entdecken versuchten und mit der sich Blei und Eisen sowie alle anderen Metalle in Gold verwandeln ließen. Es gab königliche Laboratorien, in denen ständig Alchemisten experimentierten, und die Königin pflegte dem König wundervolle Berichte über die Fortschritte zu geben, die sie machten, und ihm zu sagen, dass die Entdeckung fast abgeschlossen sei und dass er dies sehr bald tun würde In seiner Schatzkammer befand sich genau so viel Geld, wie sein Herz begehrte. Der arme König glaubte all diese Geschichten voll und ganz und war äußerst erfreut und erfreut, sie zu hören.

In dieser Zeit gab es Zeiten, in denen es dem König einigermaßen gut ging, da seine Krankheit eher periodischer Natur war. Dies war insbesondere einmal der Fall, kurz nach seiner ersten Genesung aus dem erwähnten Zustand völliger Bewusstlosigkeit . Der Herzog von York war, wie bereits gesagt wurde, sehr verärgert über die Genesung des Königs bei dieser Gelegenheit und über seine eigene Entlassung aus dem Amt des Regenten, und noch mehr, als er feststellte, dass der erste Akt das war Die Aufgabe der Königin bei ihrer Wiedererlangung der Macht bestand darin, seinen verhassten Feind Somerset aus dem Gefängnis zu befreien, in dem er, der Herzog von York, ihn eingesperrt hatte, und ihn erneut zum Premierminister zu machen. Er beschloss sehr bald, dass er sich dieser Demütigung nicht beugen würde. Er stellte eine Armee an den Grenzen von Wales zusammen, wo sich einige seiner wichtigsten Festungen befanden, und nahm eine so trotzige Haltung der Feindseligkeit ein, dass die Regierung der Königin beschloss, ins Feld zu ziehen, um sich ihm zu widersetzen.

Wiederherstellung von Somerset. Armeen wurden aufgestellt.

also eine Armee auf, und der Herzog von Somerset brach mit der Königin und dem König mit ihnen von London aus auf und marschierte in Richtung Nordwesten. Sie hielten zunächst in der Stadt St. Alban's an. [13] Als sie ihren Marsch von St. Alban's aus fortsetzen wollten, sahen sie, dass die Hügel vor ihnen mit Trupps bewaffneter Männer bedeckt waren, den Streitkräften des Herzogs von York, die er in Richtung der Hauptstadt führte. Somersets Streitkräfte kehrten sofort in die Stadt zurück. Margaret, die eine Zeit lang sehr verzweifelt und ratlos war, ob sie sich zwischen ihrer Pflicht gegenüber ihrem Mann und gegenüber ihrem Kind entscheiden musste, beschloss schließlich, sich mit dem kleinen Prinzen nach Greenwich zurückzuziehen und dort den Ausgang der Schlacht abzuwarten, während sie den Herzog von Somerset zurückließ mit dem König sein Bestes tun.

St. Albans. Die Verhandlung.

Sehr bald kam ein Herold des Herzogs von York vor die Tore von St. Alban und forderte eine Verhandlung. Er sagte, der Herzog habe nicht gegen den König zu den Waffen gegriffen, sondern nur gegen Somerset. Er bekundete große Loyalität und Zuneigung zu Heinrich selbst und wollte ihn nur vor den gefährlichen Ratschlägen eines korrupten und verräterischen Ministers bewahren, und er sagte, wenn der König ihm Somerset überlassen würde, würde er sofort seine Armeen auflösen und Die Schwierigkeit wäre vorbei.

Antwort.

Die Antwort darauf lautete, dass der König erklärte, dass er sowohl seine Krone als auch sein Leben verlieren würde, bevor er entweder den Herzog von Somerset oder auch nur den gemeinsten Soldaten seiner Armee einer solchen Forderung ausliefern würde.

Angriff auf die Stadt. Schrecklicher Konflikt.

Als der Herzog von York diese Antwort erhielt, rückte er sofort zum Angriff auf die Stadt vor. Eine Zeit lang verteidigten Heinrichs Männer die Mauern und Tore erfolgreich gegen ihn, doch schließlich zog der Earl of Warwick, der wichtigste Verbündete des Herzogs von York und Unterstützer dieser Bewegung, mit einer starken Abteilung auf einem anderen Weg um einen Hügel herum und hindurch Durch einige Gärten gelang es ihm, von dort aus einzudringen, indem er die Mauer niederriss, die zwischen dem Garten und der Stadt stand. Daraufhin kam es in den Straßen und engen Gassen der Stadt zu einem schrecklichen Konflikt, der die Aufmerksamkeit der Belagerten auf sich zog Von den Mauern und Toren weg gelang es dem Herzog von York bald, ebenfalls einzudringen.

Der König wurde gefangen genommen.

Die Streitkräfte König Heinrichs wurden bald unter großem Gemetzel besiegt. Der Herzog von Somerset und mehrere andere prominente Adlige wurden getötet. Der König selbst wurde durch einen Pfeil verwundet, der ihn am Hals traf, als er mit seinen Offizieren um ihn herum unter seinem Banner auf der Straße stand. Als diese seine Diener sahen, dass der Kampf gegen ihn ausging, verließen sie ihn alle und flohen und ließen ihn allein an seinem Banner zurück. Er blieb einige Zeit ruhig hier und ging dann in ein Geschäft in der Nähe, wo ihn bald der Herzog von York fand.

Das Verhalten des Herzogs.

Sobald der Herzog vor den König trat, kniete er vor ihm nieder, um ihn als König anzuerkennen, und sagte:

„Der Verräter und Staatsfeind, gegen den wir zu den Waffen gegriffen haben, ist tot, und jetzt wird es keinen weiteren Ärger geben."

„Dann", sagte der König, „gehen Sie um Gottes willen und stoppen Sie das Abschlachten meiner Untertanen."

1457. Der König wurde nach London geschickt.

Der Herzog sandte sofort den Befehl, die Kämpfe zu beenden, und indem er den König bei der Hand nahm, führte er ihn zur Abtei von St. Alban, einem ehrwürdigen Klostergebäude, das in der Geschichte dieser Zeit große Berühmtheit erlangte, und ließ ihn dort sein in seine Wohnung gebracht. Am nächsten Tag brachte er ihn nach London. Er erwies ihm übrigens alle äußerlichen Zeichen der Ehrerbietung und des Gehorsams, aber dennoch war der König praktisch sein Gefangener.

Margarets Verzweiflung.

Die arme Königin Margaret war die ganze Zeit in Greenwich und wartete voller Spannung und Sorge auf die Nachricht von der Schlacht. Als schließlich die Nachricht eintraf, dass die Schlacht verloren war, dass der König verwundet worden war und nun praktisch ein Gefangener in den Händen ihres verabscheuten und gehassten Feindes war, geriet sie in einen Zustand völliger Verzweiflung so dass sie einige Stunden lang in einer Art Benommenheit verharrte, als ob nun alles verloren wäre und es sinnlos und hoffnungslos sei, den Kampf noch länger fortzusetzen.

Die Wunde des Königs. Die Königin und der Prinz.

Doch schließlich kam sie wieder zu sich und begann erneut darüber nachzudenken, was getan werden sollte. Die Aussicht , die sich ihr bot, schien jedoch immer düsterer zu werden. Die Ermüdung und Aufregung, unter denen der König gelitten hatte, verbunden mit den Folgen seiner Wunde, die anscheinend nicht zur Heilung bereit war, führten zu einem Rückfall. Der Herzog von York schien der Ansicht zu sein, dass die Zeit für einen Versuch, seine Ansprüche auf den Thron durchzusetzen, noch nicht gekommen sei. Er begnügte sich damit, den Parlamentsmitgliedern den Zustand des Königs so darzulegen, dass er diese Körperschaft dazu veranlasste, ihn erneut zum Beschützer zu ernennen. Als er so die Macht wiedererlangt hatte, übergab er den König der Obhut der Königin und schickte sie mit ihm und dem kleinen Prinzen ins Land.

Große Versöhnung. 1458. Gegenseitiges Misstrauen.

Einer der außergewöhnlichsten Umstände, die sich im Laufe dieser bangen und unruhigen Jahre ereigneten, war eine berühmte Versöhnung, die einst zwischen den Parteien dieses großen Streits stattfand. Es war zu einer Zeit, als England von einer Invasion Frankreichs bedroht war. Königin Margaret schlug ein großes Treffen aller Herren und Adligen beider Seiten vor, um sich auf einige Friedensbedingungen zu einigen, durch die die innere Fehde, die das Land spaltete und zerstreute, geheilt und der Weg bereitet werden könnte, ihre vereinte Stärke gegen den Feind einzusetzen . Aber der Versuch, diese turbulenten Führer zusammenzubringen, war sehr gefährlich . Sie hatten kein Vertrauen zueinander, und keiner von ihnen wäre bereit, zum Kongress zu kommen, ohne eine große Streitmacht aus Anhängern und Gefolgsleuten mitzubringen, um ihn im Falle von Gewalt oder Verrat zu verteidigen. Schließlich einigte man sich darauf, den Oberbürgermeister von London zu ernennen, um den Frieden zwischen den verschiedenen Parteien zu wahren, und um ihm dies effektiv zu ermöglichen, wurde ihm eine

Streitmacht von zehntausend Mann zur Verfügung gestellt. Diese Männer waren Freiwillige, die aus den Reihen der Londoner Bürger stammten.

Treffen der Adligen.

Als die Zeit für das Treffen gekommen war, kamen die verschiedenen Führer nach London, jeder an der Spitze einer Gruppe von Gefolgsleuten. Ein Mann kam mit fünfhundert Männern, ein anderer mit vierhundert und ein anderer mit sechshundert, die alle in Uniform und mit scharlachroten Röcken gekleidet waren. Ein anderer Adliger, der die große Percy-Familie vertrat, kam an der Spitze einer Truppe von fünfzehnhundert Männern, allesamt seine eigenen persönlichen Gefolgsleute, und jeder von ihnen war bereit, überall und gegen jede Truppe zu kämpfen , sobald ihr Feudalherr ihnen die Gelegenheit dazu gab das Wort.

Bewaffnete Banden.

Diese verschiedenen Häuptlinge kamen, jeder an der Spitze seiner Truppen, zur festgesetzten Zeit nach London und ließen sich in verschiedenen Burgen und Festungen in und um die Stadt nieder, wie so viele unabhängige Herrscher, die zusammenkommen, um einen Friedensvertrag auszuhandeln.

Streitigkeiten und Debatten.

Sie verbrachten ganze zwei Monate in Streitereien und Debatten, in denen auf beiden Seiten ständig die heftigsten Beschimpfungen und die wütendsten Beschuldigungen und Vorwürfe geäußert wurden. Endlich – wunderbar zu erzählen – kamen sie zu einer Einigung. Alle strittigen Punkte wurden geklärt, ein Vertrag unterzeichnet und eine große, also vorgetäuschte Versöhnung war das Ergebnis.

Der Vertrag.

Dieses Treffen wurde etwa Mitte Januar einberufen, und am 24. März wurde die Vereinbarung schließlich getroffen, ratifiziert und feierlich mit dem großen Siegel besiegelt. Es enthielt eine Vielzahl von Vereinbarungen und Spezifikationen, die hier nicht noch einmal zusammengefasst werden müssen, aber als alles abgeschlossen war, gab es eine große öffentliche Zeremonie zum Gedenken an das Ereignis.

Prozession.

Bei dieser Feier zogen der König und die Königin, die ihre Kronen und königlichen Gewänder trugen, in einer feierlichen Prozession zur St. Paul's Cathedral in der Stadt. Ihnen folgten die führenden Peers und Prälaten im Zweier- und Zweierschritt; und um der Öffentlichkeit die vollkommensten Zeichen und Bürgschaften für die Vollständigkeit und Aufrichtigkeit dieser großartigen Versöhnung zu zeigen, wurde vereinbart, dass diejenigen , die sich in den letzten Streitigkeiten am erbittertsten feindselig gegenübergestanden hatten, beim Gehen paarweise zusammenkommen sollten . So folgten unmittelbar hinter dem König, der allein ging, die Königin und der Herzog von York Hand in Hand, als wären sie in den liebevollsten Beziehungen, die man sich vorstellen kann, und so ging es auch mit den anderen.

Scheinversöhnung.

Die Bürger Londons und zahlreiche andere Menschen, die aus den umliegenden Städten angereist waren, um dem Spektakel beizuwohnen, beteiligten sich an der Feier, indem sie entlang der Straßen Reihen bildeten, während die Prozession vorbeizog, und die versöhnten Paare mit langen und lauten Zurufen begrüßten ; Und als es Nacht wurde, erhellten sie die ganze Stadt mit der Beleuchtung ihrer Häuser und Freudenfeuern auf den Straßen.

Wieder kämpfen.

Etwa ein Jahr später kämpften die Parteien dieser großen Befriedung heftiger und wütender als je zuvor.

Der kleine Prinz und seine Schwäne.

Die Reise des Prinzen. Die kleinen Schwäne.

Einmal, als der kleine Prinz etwa sechs Jahre alt war, unternahm die Königin eine königliche Reise durch bestimmte Grafschaften im Landesinneren, angeblich um die Gesundheit des Königs durch Luftwechsel und durch sanfte Bewegung und angenehme Erholung zu verbessern durch eine Reise, sondern eigentlich, so heißt es, um die Adligen und die Menschen der Region, durch die sie reiste, für ihre Sache zu interessieren, und besonders für die des kleinen Prinzen, den sie bei dieser Gelegenheit mitnahm, um sie dem ganzen Volk zu zeigen auf ihrer Route. Sie hatte für ihn das Symbol seines berühmten Vorfahren Eduard III. übernommen, nämlich einen *Schwan*; und sie ließ für ihn eine große Anzahl kleiner silberner Schwäne anfertigen, die er den Adligen und Herren sowie allen, die zu einer persönlichen Audienz zugelassen waren, in den Städten, die er durchquerte, überreichen sollte. Er war ein kluger und schöner Junge, und er schenkte den Menschen, die um ihn herumkamen, diese kleinen Schwäne mit einer so süßen und bezaubernden Anmut, dass alle, die ihn sahen, Gefühle wärmsten Interesses und Zuneigung für ihn empfanden.

Es bricht erneut Krieg aus.

Sehr bald nach dieser Zeit brach der Krieg zwischen den beiden großen streitenden Parteien erneut aus und nahm einen solchen Verlauf, dass König Heinrich sehr bald seiner Krone beraubt wurde. Die Ereignisse, die zu diesem Ergebnis führten, werden im nächsten Kapitel beschrieben.

Kapitel XV.

MARGARET EINE FLÜCHTIGE.

1459. Die Schlacht von Blore Heath. Die Befehle der Königin.

Im Sommer 1459, dem Jahr nach der großen Versöhnung, die im letzten Kapitel beschrieben wird, versammelten sich zwei riesige Armeen der beiden Parteien, die sich seit langem allmählich versammelt hatten, an einem Ort, der genannt wird Blore Heath, [14] in Staffordshire, im Herzen Englands. Es kam zu einer großen Schlacht. Während der Schlacht lag Henry gefährlich krank in der nicht weit entfernten Stadt Coleshill. Margaret befand sich in Maccleston , einem anderen Dorf ganz in der Nähe des Schlachtfeldes. Vom Turm der Kirche in Maccleston aus beobachtete sie den Verlauf des Kampfes. Salisbury stand an der Spitze der Yorker Partei. Margarets Truppen wurden von Lord Audley kommandiert. Als Audley sich von ihr verabschiedete, um in die Schlacht zu ziehen, befahl sie ihm streng, Salisbury tot oder lebendig zu ihr zu bringen.

Dekorationen.

Audley hatte zehntausend Mann unter seinem Kommando. Die Soldaten waren alle mit roten Rosetten geschmückt, dem Symbol des Hauses Lancaster. Die Offiziere trugen auf ihrer Uniform kleine silberne Schwäne, wie sie Prinz Edward verteilt hatte.

Schlacht verloren.

Die Königin beobachtete mit größter Sorge den Fortgang des Kampfes und erkannte bald zu ihrer Bestürzung und Bestürzung, dass der Kampf gegen sie ausging. Sie behielt Audleys Banner im Auge, und als sie es schließlich fallen sah, wusste sie, dass alles verloren war. Sie eilte vom Turm herunter und floh mit ein paar Freunden um ihr Leben zu einer nicht weit entfernten Festung ihrer Freunde.

Schwacher Zustand des Königs.

Auch der König musste abgesetzt werden, um seine Gefangennahme zu verhindern. Er war jedoch zu schwach, um viel darüber zu wissen oder darüber nachzudenken, was vor sich ging. Als sie kamen, um ihn auf seine Pritsche zu holen, um ihn wegzutragen, blickte er auf und fragte schwach: „Wer hatte den Sieg davongetragen?", aber darüber hinaus ließ er keinerlei Anzeichen erkennen, dass er sich für die bedeutsamen Ereignisse interessierte, die sich abspielten.

Geist und Temperament der Königin. 1460. Erfolg ihrer Bemühungen.

Anstatt eine entmutigende und entmutigende Wirkung auf Margarets Gemüt auszuüben, diente diese Niederlage nur dazu, sie zu neuer Kraft und Entschlossenheit zu erwecken. Zu Beginn ihrer Schwierigkeiten war sie etwas schüchtern und ängstlich gewesen, als sie nur an einen Ehemann denken und sich um ihn kümmern musste. Aber jetzt hatte sie einen Sohn; und der mütterliche Instinkt schien in ihrem Fall zu wirken, wie er es bei so vielen anderen getan hat, um sie furchtlos, verzweifelt und am Ende fast wild zu machen, indem sie ihren Nachwuchs vor Schaden schützte und seine Rechte wahrte. Sie begann sofort mit größtem Eifer und Eifer damit, eine neue Armee aufzustellen. Sie überließ das Kommando keinem General, sondern leitete alle Operationen selbst. Es gibt keinen Platz, um die darauffolgenden Kampagnen im Detail zu beschreiben, aber das Ergebnis war ein vollständiger Sieg. Ihre Feinde wurden ihrerseits vollständig besiegt und die beiden großen Führer, der Herzog von York und der Earl of Warwick, wurden tatsächlich aus dem Königreich vertrieben. Der Herzog von York zog sich nach Irland zurück, und der Earl of Warwick reiste über die Straße von Dover nach Calais, das sich immer noch in englischem Besitz befand und eine große Marine- und Militärstation war.

Der Graf von Warwick. Sein erfolgreicher Vorstoß.

Doch schon kurze Zeit später kehrte Warwick mit einer großen Streitmacht, die er in Calais zusammengestellt hatte, wieder zurück und landete im südlichen Teil Englands. Er marschierte nach London und trug alles vor sich her. Nun war es an seiner Partei, siegreich zu sein; Denn durch die Wirkung dieses seltsamen Prinzips, das das Auf und Ab gegnerischer politischer Parteien in allen Ländern und zu allen Zeiten zu regulieren scheint, wechselt der Sieg zwischen ihnen fast mit der Regelmäßigkeit eines Pendels. Die Strömung der Volksstimmung, die sich noch vor einem kurzen Jahr so stark für die Sache der Königin ausgesprochen hatte, schien jetzt ganz auf der Seite ihrer Feinde zu sein. Alle strömten unter Warwicks Standarte zusammen, als er von der Küste nach Norden in Richtung London marschierte, und in London öffneten die Menschen die Tore der Stadt und empfingen ihn und seine Truppen, als wären sie eine Armee von Befreiern gewesen.

Northampton. Der König machte Gefangene.

Warwick ließ sich in London nicht lange aufhalten. Er marschierte nach Norden, um den Truppen der Königin entgegenzutreten. Eine weitere große Schlacht wurde in Northampton ausgetragen. Von einer nicht weit entfernten Anhöhe aus beobachtete Margaret den Fortgang des Kampfes. Der Tag verlief gegen sie. Das Ergebnis der Schlacht war, dass der arme König zum zweiten Mal gefangen genommen und triumphierend nach London gebracht wurde.

Die Häscher behandelten ihn jedoch mit großer Rücksichtnahme und Respekt – nicht als ihren Feind und als ihren Gefangenen, sondern als ihren Herrscher, den sie aus den Händen von Verrätern und Feinden gerettet hatten. Für die Yorker Partei war es noch nicht einmal an der Zeit, sich offen zu ihrer Absicht zu bekennen, den König abzusetzen. Also brachten sie ihn nach London und brachten ihn im dortigen Palast unter, wo er mit allen Emblemen und Zeichen des Königtums umgeben war, aber dennoch eng eingesperrt war.

Das Parlament wurde einberufen. Der König.

Der Herzog von York berief daraufhin ein Parlament ein, das natürlich im Namen des Königs handelte, das heißt, dass der König die Urkunden und andere notwendige Dokumente unterzeichnen musste. Erst im Oktober tagte das Parlament. Während dieser Zeit wurde der König an einem ländlichen Ort unweit von London untergebracht, wo alle Anstrengungen unternommen wurden, um ihm einen angenehmen Zeitvertreib zu ermöglichen, indem man ihm die Möglichkeit gab, auf die Jagd zu gehen und sich mit anderen Vergnügungen im Freien zu unterhalten und zu erholen . Die ganze Zeit über wurde er jedoch streng überwacht, um zu verhindern, dass er entkam oder dass die Freunde der Königin heimlich kamen, um ihn mitzunehmen.

Was die Königin und den kleinen Prinzen betraf, wusste niemand, was aus ihnen geworden war.

Die Ansprüche des Herzogs.

Als das Parlament zusammentrat, ereignete sich im House of Lords eine sehr außergewöhnliche Szene, in der der Herzog von York der Hauptdarsteller war und die großes Aufsehen erregte. Bis zu diesem Zeitpunkt hatte er im Namen seines Familienzweigs keinen wirklichen Anspruch auf den Thron geltend gemacht, aber in all den Feindseligkeiten, in die er gegen die Truppen des Königs verwickelt war, war sein Ziel, wie er immer gesagt hatte, gewesen : nicht, um sich dem König zu widersetzen, sondern nur, um ihn zu retten, indem man ihn von den bösen Einflüssen trennte, die ihn umgaben. Aber er begann nun, etwas mutiger zu werden .

Der Herzog kommt ins Parlament.

Als das Parlament zusammentrat, kam er daher an der Spitze einer Leibgarde von fünfhundert Reitern und mit dem Staatsschwert vor sich nach London, als wäre er die größte Persönlichkeit des Reiches. Er ritt direkt nach Westminster, hielt seine Männer mit großer Parade vor den Türen der Halle an, in der das House of Lords versammelt war, und ging hinein.

Szene im House of Lords.

Er ging direkt durch die Halle zu dem erhöhten Podium am Ende, auf dem der Thron stand. Er stieg die Stufen hinauf und ging zum Thron, während die ganze Versammlung in feierlicher Ehrfurcht zusah, um zu sehen, was er tun würde. Einige erwarteten, dass er seinen Platz auf dem Thron einnehmen und damit sofort die Position einnehmen würde, dass er der wahre und rechtmäßige Herrscher Englands sei. Dies tat er jedoch nicht. Er stand ein paar Minuten neben dem Thron, die Hand auf dem purpurroten Tuch, das ihn bedeckte, als ob er zögerte, ob er seinen Platz einnehmen sollte oder nicht, oder vielleicht auf die Andeutung seiner Anhänger wartete, dass dies von ihm erwartet wurde. Aber mehrere Minuten lang sagte niemand ein Wort. Schließlich fragte ihn der Erzbischof von Canterbury, der in mancher Hinsicht die erhabenste Persönlichkeit im House of Lords war, ob er bereit wäre, den König zu besuchen, der sich zu dieser Zeit in einem Nebenzimmer aufhielt. Er antwortete in einem hochmütigen Ton:

„Ich kenne niemanden in diesem Reich, dessen Pflicht es nicht ist, mich zu besuchen, als zu erwarten, dass ich ihn besuche.“

Sein hochmütiges Auftreten.

Dann drehte er sich um und ging stolz aus dem Haus.

Henrys Argumentation.

Obwohl er daher davon absah, sich tatsächlich auf den Thron zu setzen, war es offensichtlich, dass die Zeit schnell näher rückte, in der er seinen Anspruch darauf offen geltend machen würde, und einige der Adligen, die vielleicht dachten, dass Heinrich friedlich zum Nachgeben bewegt werden könnte, konsultierten ihn Er befragte ihn zu diesem Thema und fragte ihn, wer seiner Meinung nach den besten Titel für die Krone hätte: er selbst oder der Herzog von York.

Auf diese Frage antwortete Henry:

„Mein Vater war König; sein Vater war König. Ich selbst habe die Krone vierzig Jahre lang getragen, von meiner Wiege an. Ihr alle habt mir als eurem Herrscher Treue geschworen, und eure Väter haben dasselbe mit meinem Vater und meinem Großvater getan.“ Wie kann dann jemand meinen Anspruch bestreiten?“

Anfechtung von Ansprüchen.

Was Henry sagte, war wahr. Die Krone befand sich seit drei Generationen und mehr als einem halben Jahrhundert in seinem Zweig der königlichen Linie, und in dieser Zeit hatte sich die gesamte Nation mit ihrer Herrschaft abgefunden. Der Anspruch des Herzogs von York reichte bis in eine Zeit vor all dem zurück, er behielt jedoch bei, dass er dennoch legitim und gültig sei.

Es folgten eine Reihe von Beratungen und Verhandlungen, deren Ergebnis eine Entscheidung des Parlaments war, dass der Herzog von York und seine Nachfolger tatsächlich Anspruch auf die Krone hätten, dass diese jedoch als Kompromiss nicht gewährt werden dürfe Form wurde ihnen bis nach dem Tod Heinrichs übertragen. Solange er noch lebte, sollte er nominell König sein, aber der Herzog von York sollte als Regent regieren, und nach Heinrichs Tod sollte die Krone auf ihn übergehen.

Der Herzog war mit dieser Vereinbarung zufrieden, und um sicherzustellen, dass sie gut ausgeführt wurde, bestand das erste, was er tun musste, darin, den kleinen Prinzen sowie Heinrich, den König, in seinen Besitz zu bringen. denn er wusste genau, dass er, selbst wenn er sich des alten Königs entledigen und sich im Besitz des Throns etablieren würde, weder Frieden noch Ruhe in dessen Besitz haben würde, solange der kleine Prinz mit seiner Mutter dort wäre im Großen und Ganzen.

Die Königin befahl, zurückzukehren.

So fand er einen Weg, den König dazu zu bewegen, ein Mandat zu unterzeichnen, in dem er der Königin befahl, nach London zu kommen und den Prinzen mitzubringen. Diesem Auftrag musste sie sofort Folge leisten, mit der Strafe, im Falle von Ungehorsam des Hochverrats für schuldig befunden zu werden.

Sofort wurden Offiziere in alle Richtungen geschickt, um nach der Königin zu suchen, um ihr diesen Auftrag zu erfüllen, aber sie war nirgendwo zu finden.

Kapitel XVI.

Plötzliche Umkehrungen.

Nach dieser Zeit folgte eine Reihe sehr schneller und plötzlicher Rückschläge, bei denen zuerst eine Partei und dann die andere abwechselnd zu Siegern und dann zu Besiegten wurde, und zwar durch Schicksalsschläge von höchst außergewöhnlicher Art.

Am Ende der im letzten Kapitel beschriebenen Schlacht befand sich Margaret zusammen mit dem kleinen Prinzen als hilflose Flüchtige. Es gab nur acht Personen, die sie auf ihrer Flucht begleiteten, und sie waren so schutzlos und die wilden und gesetzlosen Zustände im Land waren so groß, dass es hieß, ihre Gruppe sei auf dem Weg nach Wales angehalten und die Königin ausgeraubt worden von all ihren Juwelen und anderen Wertgegenständen. Sowohl sie als auch der Prinz wären höchstwahrscheinlich ebenfalls gefangen genommen und nach London geschickt worden, wenn es ihr nicht gelungen wäre, zu fliehen, während die Plünderer mit ihrer Plünderung beschäftigt waren.

Rückzug nach Schottland. Die Königin reist erneut nach England ein. Erfolg.

Sie blieb nur kurze Zeit in Wales und reiste dann auf dem Seeweg nach Schottland, wo ihre Gruppe und sie selbst mächtige Freunde hatten . Durch die Hilfe dieser Freunde und durch den Einfluss ihres unbeugsamen Geistes und ihrer Entschlossenheit wurde sie bald mit neuer Kraft ausgestattet. An der Spitze dieser Truppe überquerte sie die Grenze nach England. Die Menschen schienen überall Mitleid mit ihrem Unglück zu haben, und sie waren so beeindruckt von der Energie und dem Mut, die sie zeigte, als sie gegen sie kämpfte und den schrecklichen Gefahren trotzte, die sie umgaben, um die Rechte ihres Mannes und ihres Kindes zu verteidigen, dass sie herbeiströmten Von allen Seiten erfüllte sie ihre Standarte, und so erschien sie acht Tage nach der Erteilung des Mandats aus London, das ihr befahl, sich als Gefangene zu übergeben, in der Nähe der Stadt York, der größten und stärksten Stadt im gesamten Norden von England, an der Spitze einer überwältigenden Macht.

Bewegung des Herzogs.

Der Herzog von York war erstaunt, als ihn diese Nachricht in London erreichte. Es gab keinen Moment zu verlieren. Er machte sich sofort mit allen Truppen, die er befehligen konnte, auf den Weg und marschierte nach Norden, der Königin entgegen. Gleichzeitig sandte er den Befehl an die anderen Führer seiner Partei in verschiedenen Teilen Englands, so schnell wie möglich nach Norden zu ziehen und sich ihm dort anzuschließen.

Schlacht von Wakefield. Tod des Herzogs von York.

Der Herzog selbst gelangte als Erster in die Nähe der Armee der Königin, glaubte jedoch, nicht stark genug zu sein, um sie anzugreifen, und beschloss daher, zu warten, bis seine Verstärkung eintraf. Die Königin rückte ihm mit viel überlegener Streitmacht entgegen. Die beiden Armeen kamen in der Nähe der Stadt Wakefield zusammen, und hier, nach einiger Verzögerung, während der die Königin den Herzog immer wieder aufforderte, aus seinen Mauern und Befestigungen herauszukommen, um ihr entgegenzutreten, und sich ihm mit vielen Verspottungen und Vorwürfen widersetzte und ihn verspottete, a Endlich wurde eine große Schlacht geschlagen. Margarets Truppen waren siegreich. Zweitausend von fünftausend Truppen des Herzogs blieben tot auf dem Feld zurück, und der Herzog selbst wurde getötet!

Margarets Herz war von wildester Jubel und Freude erfüllt, als sie hörte, dass ihr eingefleischter und verhasster Feind endlich tot war. Sie konnte ihre Aufregung kaum zurückhalten. Einer der Adligen ihrer Gruppe, Lord Clifford, dessen Vater in einer früheren Schlacht unter grausamen Umständen getötet worden war, schnitt dem Herzog den Kopf ab und trug ihn auf der Spitze einer Pike zu Margaret. Sie war einen Moment lang entsetzt über das grässliche Schauspiel und wandte ihr Gesicht ab; aber sie befahl schließlich, den Kopf vor den Augen aller Betrachter auf einer Stange an den Mauern von York aufzustellen.

Mord an seinem Sohn.

Ein kleiner Sohn des Herzogs, der Graf von Rutland, der damals etwa zwölf Jahre alt war, wurde nach dem Ende des Kampfes ebenfalls auf dem Schlachtfeld getötet oder vielmehr massakriert, als er versuchte, zu entkommen der Fürsorge seines Lehrers, zu einem Schloss in der Nähe, wo er in Sicherheit gewesen wäre. Dies war die Burg von Sandal. Es war ein sehr starker Ort und befand sich im Besitz der Partei des Herzogs von York. Der arme Junge wurde von demselben Lord Clifford, von dem bereits die Rede war, gnadenlos niedergemetzelt, ungeachtet dessen, was sein Lehrer tun konnte, um ihn zu retten.

Margarets Grausamkeiten. Ihr Jubel.

Am Ende dieser Schlacht wurden weitere schreckliche Morde begangen. Der Earl of Salisbury wurde enthauptet, und sein Kopf wurde auf einem Spieß auf den Mauern von York neben dem Kopf des Herzogs aufgestellt. Margaret war über die Ergebnisse dieses Sieges fast außer sich. Ihre Armeen siegten, der große Anführer der Partei ihrer Feinde, der Mann, der jahrelang ihr Schrecken und ihre Qual gewesen war, wurde getötet, und alle seine wichtigsten Verbündeten wurden entweder getötet oder gefangen genommen, und nichts hinderte sie offenbar am Marschieren Sie triumphierte nach London, befreite ihren Mann von seiner Knechtschaft und erlangte die höchste Macht vollständig und unbestritten. Was die Aussicht, die sich ihr jetzt bot, anging, schien es keinen Wunsch mehr zu geben.

Mord an Richards Kind.

Kapitel XVII.

MARGARET EINE VERBANNTE.

Eine neue Umkehrung.

So rosig die Hoffnungen und Aussichten Margarets nach der Schlacht von Wakefield auch waren, reichten ein paar kurze Monate aus, um ihre Sache erneut in tiefste Dunkelheit und Düsternis zu verwickeln. Die Schlacht von Wakefield und der Tod des Herzogs von York ereigneten sich gegen Ende Dezember 1460. Im März, drei Monate später, wurde Margaret aus England verbannt, von der obersten Macht des Reiches geächtet und entlassen unter einem solchen Verbot, dass es dem gesamten englischen Volk verboten war, mit ihr zu kommunizieren.

Reaktion. Oberhaupt des Herzogs von York.

Dieses verhängnisvolle Ergebnis wurde zu einem großen Teil durch die Reaktion in den Köpfen der Bevölkerung des Landes herbeigeführt, die auf die schockierenden Grausamkeiten zurückzuführen war, die von ihr und ihrer Partei nach der Schlacht von Wakefield begangen wurden. Die Berichte über diese Transaktionen verbreiteten sich im ganzen Königreich und erweckten ein allgemeines Gefühl des Ekels und des Abscheus. Es heißt, als Lord Clifford den Kopf des Herzogs von York auf der Spitze einer Lanze zu Margaret trug, gefolgt von einer Menge anderer Ritter und Adliger, sagte er zu ihr:

„Sehen Sie, meine Dame! Der Krieg ist vorbei! Hier ist das Lösegeld für den König!"

Dann erhoben alle Umstehenden einen Jubelschrei und begannen unter Spott und spöttischem Gelächter auf den grässlichen Kopf zu zeigen. Sie hatten eine Papierkrone auf den Kopf gesetzt, was ihrer Meinung nach einen komischen Effekt hatte. Obwohl die Königin zunächst ihr Gesicht abwandte, wandte sie sich bald wieder der schrecklichen Trophäe zu und lachte mit den anderen über die lächerliche Wirkung, die die Papierkrone hervorrief.

Das Land war schockiert. Margarets Wildheit.

Auch die Ermordung des unschuldigen Kindes, des jüngeren Sohnes des Herzogs, erregte im ganzen Land großes und sehr starkes Aufsehen. Auch wenn die Königin diese Tat vielleicht nicht befohlen hatte, machte sie sich dennoch zu einem Komplizen, indem sie sie lobte und darüber jubelte. Der wilde Hass, den sie gegen die ganze Familie ihres gefallenen Feindes hegte, zeigte sich auch durch einen anderen Umstand, nämlich als sie die beiden Oberhäupter befehligte, nämlich das des Herzogs von York und das des

Grafen von York Salisbury, das auf den Stadtmauern errichtet werden sollte, befahl sie, zwischen ihnen Platz für zwei weitere Köpfe zu lassen, von denen einer der von Edward sein sollte, dem ältesten Sohn des Herzogs von York , der noch lebte Er war bei der Schlacht von Wakefield dabei gewesen und erbte nun natürlich den Titel und die Ansprüche seines Vaters.

Der Erbe des Herzogs. Eduard.

Dieser junge Edward war zu diesem Zeitpunkt etwa neunzehn Jahre alt. Sein Titel war bisher Earl of March gewesen, und er würde nun natürlich Herzog von York werden, nur entschied er sich, den eines Königs von England anzunehmen. Er war ein junger Mann von großer Charakterstärke, und er wurde natürlich von der gesamten Partei seines Vaters unterstützt, die nun ihre Loyalität auf ihn übertrug. Tatsächlich wurde ihr Eifer in seinen Diensten durch den schrecklichen Groll und den Durst nach Rache, die die Grausamkeiten der Königin in ihren Köpfen weckten, noch verstärkt. Edward machte sich sofort mit allen Truppen, die er befehligen konnte, in Bewegung. Zum Zeitpunkt des Todes seines Vaters befand er sich im westlichen Teil Englands und machte sich sofort auf den Weg zur Küste, um Margaret auf ihrem Marsch nach London abzufangen.

Schlacht bei St. Alban. Warwick besiegt. Heinrich hat aufgegeben.

Zur gleichen Zeit rückte der Earl of Warwick von London selbst nach Norden vor, um die Königin zu treffen, und nahm den König mit, der bis zu diesem Zeitpunkt in London geblieben war. Die Armeen Warwicks und der Königin näherten sich unweit von St. Alban's, bevor der junge Herzog von York heranrückte und eine verzweifelte Schlacht ausgetragen wurde. Warwicks Armee bestand hauptsächlich aus Männern, die hastig in London zusammengetragen wurden, und sie waren den erfahrenen und robusten Soldaten, die Margaret von der schottischen Grenze mitgebracht hatte, nicht gewachsen. Sie wurden vollständig besiegt. Sie kämpften den ganzen Tag, aber nachts zerstreuten sie sich in alle Richtungen und ließen in der Eile und Verwirrung ihrer Flucht den armen König zurück.

Ist gespeichert.

Während der Schlacht wusste Margaret nicht, dass ihr Mann am Boden lag. Doch in der Nacht, als Heinrichs Wächter ihn verlassen hatten, lief ein treuer Diener, der bei ihm geblieben war, in Margaretes Lager, und als er dort einen der Adligen traf, die das Kommando hatten, informierte er ihn über die Lage des Königs. Der Adlige informierte sofort die Königin, und diese flog überglücklich über die Nachricht zu dem Ort, an dem ihr Mann lag, und als sie ihn fanden, umarmten sie sich mit den leidenschaftlichsten Zeichen der Zuneigung und Freude.

Die Abtei.

Margaret brachte den kleinen Prinzen mit, um ihn ihm vorzustellen, und dann machten sie sich alle gemeinsam auf den Weg zur Abtei von St. Alban, wo ihnen Wohnungen zur Verfügung gestellt wurden. Zunächst gingen sie jedoch zur Kirche, um sich öffentlich für die Befreiung des Königs zu bedanken .

Sie wurden an der Tür der Kirche vom Abt und den Mönchen empfangen, die sie beim Näherkommen mit Lob- und Dankgesängen begrüßten . Nach Durchführung der Zeremonien begaben sie sich in die für sie bereitgestellten Gemächer der Abtei, in der Absicht, einige Tage der Ruhe und Erholung zu widmen.

Große Aufregung.

In der Zwischenzeit hielt die Aufregung im ganzen Land an und steigerte sich. Die Königin verübte neue Grausamkeiten und befahl die Hinrichtung aller wichtigen Anführer der anderen Seite, die in ihre Hände fielen. Sie entfremdete die Gedanken des Volkes von ihrer Sache, indem sie ihre Truppen nicht vom Plündern abhielt; und um an Geld zu kommen, um die Ausgaben ihrer Armee zu bestreiten und sie mit Lebensmitteln zu versorgen, beschlagnahmte sie die Städte, durch die sie zog, und belästigte die Bevölkerung des Landes auf andere Weise durch Geldstrafen und Beschlagnahmungen.

Die Menschen waren alarmiert.

Das Volk war schließlich so verärgert über dieses eigenmächtige Vorgehen und über den wütenden und rachsüchtigen Geist, den Margaret in allem, was sie tat, an den Tag legte, dass sich die Strömung ganz zugunsten des jungen Herzogs von York wandte . Die verstreuten Kräfte seiner Partei wurden wieder versammelt. Schon bald nahmen sie ein so beeindruckendes Aussehen an, dass Margaret es für das Beste hielt, sich wieder in den Norden zurückzuziehen. Sie nahm natürlich den König und den Prinzen von Wales mit.

Vorstoß von Edward.

Zur gleichen Zeit rückte Edward, der junge Herzog von York, in Richtung London vor. Die ganze Stadt war von seiner Annäherung in höchste Begeisterung versetzt. Eine große Bürgerversammlung erklärte, dass Heinrich nicht länger regieren sollte, sondern dass sie Eduard zum König machen würden.

London.

Als Edward in London ankam, wurde er von der gesamten Bevölkerung als ihr Befreier empfangen. Ein großer Rat der Adligen und Prälaten wurde einberufen, und nach feierlichen Beratungen wurde Heinrich abgesetzt und Edward zum König erklärt.

Zwei Tage später formierte sich eine große Prozession, an deren Spitze Edward königlich nach Westminster ritt und seinen Platz auf dem Thron einnahm.

Schlacht von Towton .

Margaret unternahm einen weiteren verzweifelten Versuch, das Vermögen ihrer Familie durch eine Schlacht an einem Ort namens Towton zurückzugewinnen . Diese Schlacht wurde in einem Schneesturm ausgetragen. Es war ein schrecklicher Tag. Margarets Gruppe wurde vollständig besiegt und fast dreißigtausend von ihnen blieben tot auf dem Feld zurück.

Flug der Königin.

Sobald das Ergebnis bekannt war, floh Margaret mit ihrem Mann , ihrem Kind und einem kleinen Gefolge nach Norden. Sie hielt eine kurze Zeit am Schloss von Alnwick an , [15] einer Festung, die einem ihrer Freunde gehörte; Doch als sie feststellte, dass die ihr entgegenstehenden Kräfte jeden Tag an Stärke gewannen und auf sie zuckten und dass das Land im Allgemeinen immer mehr geneigt war, dem neuen König die Treue zu erweisen, kam sie zu dem Schluss, dass es für sie nicht sicher sein würde, zu bleiben in England nicht mehr.

Alnwick .

Alnwick mit ihrem Mann und dem kleinen Prinzen sowie einigen persönlichen Begleitern und überquerte die Grenze nach Schottland, als Flüchtling und Verbannte und ohne Hoffnung, jemals wieder nach England einreisen zu können.

Kapitel XVIII.

Ein königlicher Cousin.

1461. Margaret in Schottland. Ihre Freunde.

Sobald Margaret nach Schottland geflohen war, ließ sie sich von ihrem Unglück nicht entmutigen, sondern begann sofort Maßnahmen zur Aufstellung einer neuen Armee und zum erneuten Einmarsch nach England, mit der Absicht, einen weiteren Versuch zu unternehmen, den Thron ihres Mannes zurückzugewinnen. Sie wusste natürlich, dass es eine große Gruppe von Adligen und der Bevölkerung des Landes gab, die der Sache ihres Mannes immer noch treu blieben und bereit waren, sich um seine Standarte zu scharen, wann und wo immer sie auftauchte. Alles, was sie brauchte, war der Kern einer Armee zu Beginn und ein einigermaßen erfolgreicher Beginn bei der Einreise ins Land. Es gab Ritter und Adlige und eine große Anzahl von Männern, die überall bereit waren, sich ihr anzuschließen, sobald sie erscheinen würde, aber sie waren nirgends stark genug, um auf eigene Verantwortung eine Bewegung zu beginnen.

Der Prinz.

Eine der Maßnahmen, die sie ergriff, um ihr Interesse an der schottischen Königsfamilie zu stärken, bestand darin, eine Heirat zwischen dem jungen Prinzen, der inzwischen sieben Jahre alt war, und einer schottischen Prinzessin auszuhandeln. Es gelang ihr, diese Heirat unter Auflagen zu arrangieren, sie stellte jedoch fest, dass sie keine Truppen für eine zweite Invasion Englands aufstellen konnte.

Boten nach Frankreich geschickt.

In der Zwischenzeit hatte sie drei Adlige als Boten nach Frankreich geschickt, um zu sehen, was in diesem Land getan werden könne. Frankreich war ihr Heimatland und der damalige König, Karl VII., ihr Onkel. Sie hatte daher allen Grund zu der Hoffnung, dass sie dort Hilfe und Mitgefühl finden würde. Gegen Ende des Sommers erhielt sie jedoch einen Brief von zwei ihrer Boten aus Dieppe, der überhaupt nicht ermutigend war.

Ihr Brief.

Der Brief begann mit der Aussage der Boten, dass sie bereits dreimal zuvor an Margaret geschrieben hätten; einmal bei der Rückkehr des Schiffes namens *Carvel* , mit dem sie nach Frankreich fuhren, und zweimal von Dieppe, wo sie sich damals befanden, aber alle Briefe sollten im Wesentlichen die gleiche schlechte Nachricht übermitteln, nämlich, dass der König ihr Onkel sei , war tot und ihre Cousine hatte den Thron bestiegen, der neue König schien jedoch überhaupt nicht geneigt zu sein, ihre Sache wohlwollend zu betrachten. Seine Offiziere in Dieppe hatten veranlasst, dass alle ihre Papiere beschlagnahmt und zum König gebracht wurden, und er hatte einen von ihnen in der Burg von eingesperrt Arques , das nicht weit von Dieppe entfernt liegt . An der Inhaftierung der beiden anderen war er offenbar dadurch gehindert worden, dass ihnen ein sicheres Geleit gewährt worden war, das sie schützte.

Der Rat der Boten an die Königin.

Darüber hinaus ermahnten die Verfasser des Briefes die Königin, guten Mut zu bewahren, und rieten ihr, vorerst still zu bleiben, wo sie war. Sie dürfe sich oder der kleine Prinz nicht auf das Meer wagen, um nach Frankreich zu gelangen, sagten sie, es sei denn, sie sähe sich in Schottland einer großen Gefahr ausgesetzt. Sie wollten, dass sie auch den König benachrichtigte, der sich ihrer Meinung nach zu dieser Zeit in Wales versteckte, denn sie hatten gehört, dass der Earl of March – sie wollten ihn nicht König von England nennen, ihn aber dennoch mit seinem alten Namen bezeichneten – war ging mit einer Armee nach Wales, um nach ihm zu suchen.

Ihre Berufe und Versprechen.

Abschließend sagten sie, dass sie sofort nach ihrer Freilassung zur Königin nach Schottland kommen sollten. Nichts als der Tod würde ihre Rückkehr zu ihr verhindern, und sie hofften und glaubten inständig, dass sie dem Tod nicht ausgesetzt sein würden, bis sie die Genugtuung hatten, ihren Mann, den König, und sich selbst wieder im friedlichen Besitz ihres Reiches zu sehen.

Aber vielleicht möchte der Leser den Brief selbst in den Worten lesen, in denen er geschrieben wurde. Es ist ein sehr gutes Beispiel für die Form, in der die englische Sprache damals geschrieben wurde, obwohl es heute sehr urig und altmodisch wirkt. Es war wie folgt:

Der Brief selbst.

„ MADAME , bitte, Ihr gütiger Gott, wir haben, seit wir hierhergekommen sind, dreimal an Ihre Hoheit geschrieben; einmal von dem Carvel, in dem wir kamen, die anderen beiden von Dieppe. Aber, Madame, im Wesentlichen war alles eins, Ich bringe Sie in Kenntnis vom Tod Ihres Onkels, den Gott angegriffen hat, und wie wir verhaftet wurden und es immer noch tun. Aber am nächsten Dienstag werden wir zum König, Ihrem Cousin-Deutschen, gehen. Seine Kommissare nahmen uns gleich beim ersten Zögern mit alle unsere Briefe und Schriften und überbrachte sie dem König, wobei ich meinen Lord von Somerset im Schloss von Arques und meinen Landsmann Whyttingham und mich (denn wir hatten sicheres Geleit) in der Stadt Dieppe zurückließ, wo wir sind noch.

„Madame, fürchten Sie sich nicht, aber seien Sie getrost, und hüten Sie sich davor, Ihre Person und auch nicht mein Herr, den Prinzen, auf dem Seeweg zu wagen, bis Sie eine andere Nachricht von uns erhalten, es sei denn, Ihre Person kann nicht sicher sein, wo Sie sind, und extrem Die Notwendigkeit treibt euch von dort fort.

„Und um Gottes willen, lasst die Hoheit des Königs davon in Kenntnis gesetzt werden; denn wie wir erfahren haben, ist der Earl of March auf dem Landweg in Wales und hat seine Flotte auf dem Seeweg dorthin geschickt.

„Und, gnädige Frau, denken Sie wahrlich, sobald wir befreit sind, werden wir direkt zu Ihnen kommen, es sei denn, der Tod nimmt uns auf dem Weg, und wir vertrauen darauf, dass er es nicht tun wird, bis wir den König und Sie wieder friedlich in Ihrem Reich sehen Wir bitten Gott, es bald zu sehen und Ihnen zu senden, was Ihre Hoheit wünscht . Geschrieben in Dieppe am 30. August 1461.

„Eure wahren Untertanen und Lehnsherren " , HUNGERFORD UND WHYTTINGHAM ."

Treue. Spannung. König Ludwig XI.

Margaret blieb den Winter über in Schottland und versuchte eifrig, Mittel zu finden, um ihr gescheitertes Vermögen wieder aufzubauen. Aber alles war umsonst; Es erschien weder Licht noch Hoffnung. Als der Frühling endlich begann, beschloss sie, selbst nach Frankreich zu gehen und den König, ihren Cousin, zu besuchen, in der Hoffnung, dass durch ihre Anwesenheit am Hof und ihren persönlichen Einfluss auf den König etwas bewirkt werden könnte.

Der König, ihr Cousin, war in ihrer Kindheit ihr Spielkamerad gewesen. Er war der Sohn von Mary, der Schwester ihres Vaters René. Mary und René waren sehr eng miteinander verbunden und die Kinder waren viel gemeinsam aufgewachsen. Margaret hoffte nun, dass seine frühere Freundschaft zu ihr wieder aufleben würde, wenn er sie in ihrem gegenwärtigen verlassenen und hilflosen Zustand wiedersehe, und dass er etwas tun würde, um ihr zu helfen.

Mangel an Mitteln. Dankbarkeit. Reise nach Frankreich.

Allerdings fehlte ihr völlig das Geld, und es wäre ihr sehr schwergefallen, Mittel zu finden, um nach Frankreich zu gelangen, wenn nicht die Freundlichkeit eines französischen Kaufmanns gewesen wäre, der in Schottland wohnte und den sie schon früher gekannt hatte Jahre in Nancy, in Lothringen, wo sie ihm einige Dienste erwiesen hatte. Der Kaufmann hatte seitdem ein großes Vermögen durch Handelsgeschäfte zwischen Schottland und Flandern erworben, die er leitete. In seinem Wohlstand vergaß er nicht die Freundlichkeit, die er in früheren Jahren von der Königin erfahren hatte, und da sie jetzt in Not und Not war, trat er sofort vor, um sie abzulösen. Er versorgte sie mit den für ihre Reise notwendigen Mitteln und stellte ein Schiff zur Verfügung, um sie und ihre Begleiter an die Küste Frankreichs zu bringen. Sie segelte vom Hafen von Kirkcudbright an der Westküste Schottlands aus und passierte so die Irische See und den St.-Georgs-Kanal, wobei sie die Straße von Dover völlig umging, wo sie Gefahr lief , von den Engländern abgefangen zu werden -des Krieges.

Sie nahm den jungen Prinzen mit. Man hielt es für das Beste, den König zurückzulassen.

1462. Die Mittel sind erschöpft.

Die Zahl der von der Königin abhängigen Personen war so groß und ihre Bedürfnisse waren so dringend, dass bei ihrer Ankunft in Frankreich alle Mittel, die ihr der französische Kaufmann zur Verfügung gestellt hatte, aufgebraucht waren. Sie stellte außerdem fest, dass die drei Freunde, die Adligen, die sie im Sommer zuvor nach Frankreich geschickt hatte und von denen sie den oben zitierten Brief erhalten hatte, dieses Land verlassen hatten und nach Schottland gegangen waren, um sie zu suchen. Sie hatten sich ein Schiff besorgt, mit dem sie die Königin aus Schottland wegbringen und an einen sicheren Ort bringen wollten, ohne zu wissen, dass sie sich selbst nach Frankreich eingeschifft hatte. Sie müssen unterwegs am Schiff der Königin vorbeigekommen sein, es sei denn, sie fuhren tatsächlich, was sehr wahrscheinlich der Fall ist, den Kanal hinauf und durch die Straße von Dover und nahmen somit einen völlig anderen Weg als den, den die Königin gewählt hatte.

Von ihren Freunden vermisst.

Als sie Schottland erreichten, hielten sie sich lange Zeit an der Küste auf und suchten nach einer Gelegenheit, heimlich mit ihr zu kommunizieren. aber schließlich erfuhren sie, dass sie weg war.

Sie geht nach Frankreich.

In der Zwischenzeit lieh sich Margarete, nachdem sie in Frankreich angekommen war, etwas Geld vom Herzog der Bretagne, in dessen Herrschaftsbereich sie offenbar zuerst gelandet war. Mit diesem Geld erfüllte Margaret die dringendsten Bedürfnisse ihrer Gruppe und traf auch Vorkehrungen für ihre Reise aufs Land, in die Stadt in der Normandie, wo ihr Cousin, der König, damals residierte.

Ludwig XI., Margarets Cousin.

Ludwig XI.

Es heißt, dass Margaret, als sie am Hofe des Königs ankam und Zutritt zur Gegenwart Seiner Majestät erhielt, die Hand des jungen Prinzen nahm, sich zu den Füßen ihres Cousins niederwarf und ihn unter vielen Tränen anflehte, sie zu nehmen Ich habe Mitleid mit ihrem verlassenen und elenden Zustand und dem ihres unglücklichen Mannes und möchte ihr bei ihren Bemühungen helfen, seinen Thron wiederzugewinnen.

Doch der König ließ sich von ihrer Not nicht rühren und zeigte in echter königlicher Herzlosigkeit keine Neigung, sich für ihre Sache einzusetzen.

Verhandlungen.

Es folgten jedoch einige Verhandlungen, bei deren Abschluss der König versprach, ihr gegen eine Gegenleistung einen Geldbetrag zu leihen. Die Überlegung war, dass sie ihm den Hafen und die Stadt Calais überlassen sollte, die noch immer im Besitz der Engländer waren und als sehr wichtiger und sehr wertvoller Besitz galten, oder das Doppelte des geliehenen Geldes zurückzuzahlen.

Hypothek von Calais.

also nicht um einen absoluten Verkauf von Calais, sondern lediglich um eine Hypothek darauf, die die Königin ausübte. Doch sobald diese Transaktion in England bekannt wurde, erregte sie im ganzen Land große Empörung und schadete der Sache der Königin ernsthaft. Das Volk beschuldigte sie, bereit zu sein, die Besitztümer der Krone zu veräußern, Besitztümer, deren Beschaffung so viel Blut und Geld gekostet hatte.

Zweifelhafte Sicherheit.

Natürlich war die Sicherheit, die der König für sein Darlehen erhielt, für Margarets Hypothekenurkunde von Calais etwas zweifelhaft, obwohl sie diese im Namen König Heinrichs hinterlegte und darin sorgfältig darauf hinwies, dass sie von ihm ausdrücklich dazu ermächtigt worden sei Solange Eduard von York in England regierte, hatte er überhaupt keine Macht und wurde vom Volk als rechtmäßiger König anerkannt. Erst wenn es Margaret gelang, den Thron für ihren Mann zurückzugewinnen, konnte die Hypothek wirksam werden. Die von ihr unterzeichnete Urkunde sah vor, dass König Heinrich, sobald er in sein Königreich zurückgekehrt wäre, eine der beiden genannten Personen, in die der König von Frankreich Vertrauen hatte, zum Gouverneur der Stadt ernennen würde, mit der Befugnis, sie zu übergeben innerhalb eines Jahres an den König von Frankreich zurückzahlen, falls sie innerhalb dieser Frist nicht das Doppelte des geliehenen Geldbetrags zurückzahlen würde.

Bedingungen.

Er schien zu glauben, dass hundert Prozent pro Jahr angesichts des großen Risikos, das er einging, kein übermäßiger Wucher seien.

KAPITEL XIX.

RÜCKKEHR NACH ENGLAND.

Margaret findet eine Freundin.

Margaret fand in Frankreich eine Freundin, die sich offenbar aus einem Gefühl aufrichtiger und uneigennütziger Verbundenheit mit ihr für ihre Sache eingesetzt hat. Dies war ein gewisser Ritter namens Pierre de Brezé . [16] Er war ein hochrangiger Offizier in der Regierung der Normandie und ein Mann von sehr großem Einfluss unter den angesehenen Persönlichkeiten dieser Zeit.

Karte der schottischen Grenze.

Bericht von Brezé . Er tritt in den Dienst der Königin.

Margaret hatte ihn schon vor vielen Jahren gut gekannt. Er wurde zu einem der Kommissare auf französischer Seite ernannt, um mit Suffolk und den anderen die Bedingungen für Margarets Hochzeit auszuhandeln, und er hatte eine sehr prominente Rolle bei den Turnieren und anderen Feierlichkeiten gespielt, die zu Ehren der Hochzeit vor Margaret stattfanden verließ ihr Heimatland. Als er nun sah, wie die arme Königin als Verbannte, ohne Freunde, ohne Mittel und fast ohne Hoffnung, nach Frankreich zurückkehrte, erwachte das Interesse, das er in früheren Jahren für sie empfunden hatte, wieder zum Leben. Es heißt , er habe sich in sie verliebt. Wie dem auch sei, es ist sicher, dass Margarets große Schönheit einen sehr wichtigen Einfluss auf die Vertiefung des Mitgefühls gehabt haben muss, das das Unglück des armen Flüchtlings so gut hervorrufen sollte. Jedenfalls trat Brezé mit großer Begeisterung sofort in die Dienste der Königin . Er brachte eine Streitmacht von zweitausend Mann mit. Mit dieser Armee und dem Geld, das sie von König Ludwig geliehen hatte, beschloss Margaret, einen weiteren Versuch zu unternehmen, das Königreich ihres Mannes zurückzugewinnen.

Margarets Pläne.

Schließlich stach sie im Oktober 1462, fünf Monate nach ihrer Ankunft in Frankreich, mit einer kleinen Anzahl von Schiffen und den Soldaten, die Brezé für sie bereitgestellt hatte, in See. Ihr Plan war es, im Norden Englands zu landen, denn in diesem Teil des Landes waren die Freunde der Lancaster-Linie am zahlreichsten und mächtigsten.

Sie geht nach England.

Die Regierung von König Edward wusste etwas von ihren Plänen oder ahnte sie zumindest und stationierte eine Flotte, um nach ihr Ausschau zu halten und sie abzufangen. Es gelang ihr jedoch, ihnen zu entkommen und erreichte sicher die Küste Englands.

Eiliger Flug.

Die Flotte näherte sich der Küste bei Tynemouth , aber die Kanonen der Forts waren gegen sie gerichtet und ihr wurde die Landung verboten. Es gelang ihr jedoch, entweder an dieser Stelle oder an einem anderen Punkt entlang der Küste eine Ausschiffung zu bewerkstelligen; Sie wurde jedoch so bald von einem Angriff einer großen Armee unter dem Kommando des Earl of Warwick bedroht, von der sie hörte, dass sie sich näherte, dass die französischen Truppen überstürzt zu ihren Schiffen flohen und Margaret, den Prinzen, Brezé und einige andere zurückließen der ihr an Land treu blieb. Da sie so verlassen waren, waren auch Margaret und ihre Gruppe gezwungen, sich zurückzuziehen. Sie begaben sich an Bord eines Fischerbootes, das ihnen als einziges Fortbewegungsmittel verblieben war, und machten sich auf diese Weise auf den Weg nach Berwick, der Stadt, die im Besitz ihrer Freunde war.

Ein Sturm. Schiffe zerstört. Heilige Insel.

Es dauerte lange, bis sie Berwick erreichten, da sie von einem Sturm aufgehalten wurden. Der Sturm verursachte für Margaret jedoch einen viel größeren Schaden als bloße Inhaftierung. Die Schiffe, mit denen die französischen Soldaten geflohen waren, wurden von ihm an einer Reihe felsiger Klippen zwischen Tynemouth und Berwick gefangen, von denen die markanteste Bamborough Head heißt. Die Schiffe wurden auf die Felsen und felsigen Inseln getrieben, die entlang der Küste lagen, und dort von dem Meer, das von vornherein auf sie zurollte, in Stücke gerissen. Alle Vorräte, Vorräte und Kriegsmunition, die Margaret aus Frankreich mitgebracht hatte und die fast ihre einzige Grundlage für die Kriegsführung darstellte, gingen verloren. Die meisten Männer retteten sich und flohen auf eine nahegelegene Insel, die Heilige Insel genannt wurde. Doch hier wurden sie bald darauf von einer Gruppe yorkistischer Truppen angegriffen und in Stücke gerissen.

Margarets Flucht.

Endlich erreichte Margaret Berwick in ihrem Fischerboot und überbrachte ihren Freunden dort diese schreckliche Nachricht. Man könnte annehmen, dass die letzte Hoffnung, dass sie ihr verlorenes Vermögen wiedererlangen könnte, nun ausgelöscht wäre und dass sie in völliger Verzweiflung versinken würde.

Ihr Geist erwacht wieder. Schlacht von Hexham . Die Flucht des Königs.

Aber es lag nicht in Margarets Natur, zu verzweifeln. Je stärker der Druck des Unglücks und die Feindseligkeit ihrer Feinde auf ihr lasteten, desto heftiger und entschlossener war der Widerstandsgeist, den sie in ihrem Herzen erweckten. In diesem Fall begann sie, anstatt der Niedergeschlagenheit und Verzweiflung nachzugeben, sofort Maßnahmen zu ergreifen, um eine neue Streitmacht zusammenzustellen, und der Eifer und die Energie, die sie an den Tag legte, erfüllten alle um sie herum mit einem Teil ihres Selbstvertrauens und Eifers. Im Winter wurde eine neue Armee aufgestellt. Sehr früh im Frühjahr marschierte es ins Feld, und es folgten eine Reihe militärischer Operationen, bei denen Städte und Burgen eingenommen und zurückerobert wurden und es entlang der gesamten schottischen Grenze zu Scharmützeln kam. Schließlich konzentrierten sich die konkurrierenden Streitkräfte in der Nähe eines Ortes namens Hexham , und es kam zu einer allgemeinen Schlacht. Die Armee der Königin wurde besiegt. Der König, der in der Schlacht war, konnte nur knapp entkommen. Er floh zu Pferd – denn als er körperlich gesund war , war er ein ausgezeichneter Reiter –, wurde aber so heftig verfolgt, dass drei seiner Leibwächter gefangen genommen wurden.

Es wird erwähnt, dass einer der so festgenommenen Männer die Staatsmütze des Königs trug, die mit zwei goldenen Kronen bestickt war, von denen eine das Königreich England und die andere die Frankreichs darstellte, dessen Titel die englischen Herrscher immer noch vorgaben behaupten, aufgrund ihrer früheren ausgedehnten Besitztümer dort, obwohl mittlerweile fast alles außer der Stadt Calais verloren war.

Möglicherweise ließen sich die Verfolger der Königspartei von dieser königlichen Mütze täuschen und hielten ihren Träger für den König. Jedenfalls wurde der Offizier mit der Mütze gefangen genommen und der König entkam.

Die Gefahr der Königin.

Unmittelbar nach dem Sieg auf dem Feld von Hexham brach eine Abteilung der Yorkisten in das Lager ein, in dem die Königin untergebracht war und wo sie zusammen mit dem jungen Prinzen auf den Ausgang der Schlacht wartete. Sobald die Königin merkte, dass der Feind im Anmarsch war, packte sie den Prinzen und rannte mit ihm in Todesangst in einen benachbarten Wald. Sie wusste genau, dass das Kind, wenn es entführt würde, mit Sicherheit getötet werden würde. In der Tat war auf beiden Seiten mit Morden und Hinrichtungen im Jahr davor so blutige Arbeit geleistet worden, dass sich die Gemüter der Menschen in höchster Verzweiflung befanden; und es ist wahrscheinlich, dass sowohl Margarete selbst als auch das Kind an Ort und Stelle abgeschlachtet worden wären, wenn sie im Lager geblieben wären, bis die siegreichen Truppen dort einmarschierten.

Knappe Flucht. Ihr Flug. Die Räuber.

Sobald Margaret den Wald erreicht hatte, bog sie auf die dunkelsten und einsamsten Pfade ab, die sie finden konnte, und dachte an nichts anderes, als ihren Verfolgern zu entkommen, die, wie sie sich in ihrer Angst vorstellte, dicht hinter ihr waren. Nachdem sie eine Zeit lang auf diese Weise umhergewandert war, stieß sie schließlich im Wald auf eine Gruppe von Männern, die entweder eine regelmäßige Räuberbande waren oder bei dieser Gelegenheit durch die reiche Kleidung des Fremden dazu verleitet wurden, Räuber zu werden und durch die Schmuckstücke und anderen Dekorationen, die sie trug; denn obwohl Margarets Mittel äußerst begrenzt waren, behielt sie in gewissem Maße immer noch das Auftreten und die Ämter einer Königin bei.

Eine Flucht.

Die Männer hielten sie sofort auf und begannen, sie und den Prinzen von allem zu berauben , was sie ihnen wegnehmen konnten und was von Wert zu sein schien . Sobald sie diese Beute in Besitz genommen hatten , begannen sie untereinander darüber zu streiten. Margarete blieb in großer Angst und Bedrängnis in der Nähe stehen, bis sie schließlich, als sie ihre Gelegenheit wahrnahm, den Prinzen in ihre Arme nahm und in das angrenzende Dickicht davonschlüpfte.

Allein im Wald.

Sie rannte vorwärts, so schnell sie konnte, bis sie sich außer Reichweite der Räuber zu befinden glaubte, und suchte dann im dichtesten Teil des Waldes nach einem Ort, an dem sie sich verstecken konnte, mit der Absicht, dort bis zur Nacht zu bleiben. Ihr Plan war es dann, einen Weg aus dem Wald zu finden und so weiterzuwandern, bis sie zum Wohnsitz einer ihrer Freundinnen kam, von der sie hoffen konnte, dass sie ihr Unterschlupf und Versteck bot.

Nacht.

Sie blieb daher bis zum Abend in ihrem Versteck, und nachdem sie sich durch diese Pause einigermaßen von der Aufregung, der Müdigkeit und dem Schrecken erholt hatte, die sie ertragen hatte, kam sie wieder auf einen Weg, der zu ihr führte den kleinen Edward an der Hand. Der Mond schien und so konnte sie sehen, wohin sie gehen sollte.

Ein Fremder erscheint.

Nachdem sie einige Zeit weitergewandert war, wurde sie durch die Erscheinung eines großen, bewaffneten Mannes alarmiert, der plötzlich in kurzer Entfernung vor ihr auf dem Weg auftauchte . Sie hatte keinen Zweifel daran, dass es sich um einen weiteren Räuber handelte. Für den Versuch, vor ihm zu fliehen, war es zu spät. Er war zu nah, um ihr eine Chance zur Flucht zu geben. In dieser Notlage kam ihr die Idee in den Sinn, sich auf seine Großzügigkeit als ihre letzte und einzige Hoffnung zu verlassen. Da ging sie kühn auf ihn zu, führte den kleinen Prinzen an der Hand und sagte zu ihm, indem sie ihm den Prinzen vorstellte:

Margarets Appell an den Fremden.

„Mein Freund, das ist der Sohn deines Königs! Rette ihn!"

Die Höhle des Gesetzlosen.

Der Mann wirkte erstaunt. Einen Augenblick später legte er sein Schwert zu Margarets Füßen nieder, um ihr seine Unterwerfung zu zeigen, und bot ihr dann sofort an, sie und den Prinzen an einen sicheren Ort zu führen. Er erklärte ihr auch, dass er einer ihrer Freunde sei. Er war durch den Krieg ruiniert und aus seiner Heimat vertrieben worden und war nun, wie die Königin selbst, ein Wanderer und Flüchtling. Er hatte eine Höhle im Wald in Besitz genommen und lebte dort nun mit seiner Frau als Gesetzloser. Er führte Margaret und den Prinzen zur Höhle, wo sie von seiner Frau empfangen und mit solchen Gastfreundschaften bewirtet wurden, wie sie sich ein so düsteres und trostloses Zuhause nur leisten konnte.

Margaret in der Höhle.

Aussehen der Höhle.

Margaret blieb zwei Tage lang eine Insassin dieser Höhle. Der Ort ist bis heute als Margaretenhöhle bekannt . Es steht an einem sehr abgelegenen Ort am Ufer eines kleinen Baches. Das Gelände um ihn herum ist jetzt offen, aber zu Margarets Zeiten lag er mitten im Wald. Der Eingang zur Höhle ist sehr niedrig. Im Inneren ist es hoch genug, dass ein Mann aufrecht stehen kann. Es ist etwa vierunddreißig Fuß lang und halb so breit. Es gibt den Anschein, dass es einst durch eine Mauer in zwei separate Wohnungen geteilt war.

Darin versteckte sich Margaret. Ein Freund gefunden. Margarets Wut verwandelte sich in Trauer.

Zwei Tage lang blieb Margaret in der Höhle, natürlich litt sie die ganze Zeit über unter extremer Anspannung und Angst, und sie war sehr darauf bedacht, von ihren Freunden, den Adligen und Generälen zu hören, die mit ihr in der Schlacht besiegt worden waren. Ihr Gastgeber stellte fleißig, wenn auch heimlich, Nachforschungen an, konnte aber keine Nachricht erhalten. Schließlich kam er am Morgen des dritten Tages zu Margarets unendlicher Erleichterung und Freude herein und brachte De Brezé selbst mit seinem Knappen, der Barville hieß , und einem englischen Herrn, der mit De Brezé aus der Schlacht geflohen war und war seitdem mit ihm umhergewandert und hatte überall nach der Königin gesucht. Margaret war für einen Moment überglücklich, diese Freunde wiederzusehen, doch ihrem Jubel folgte bald tiefe Trauer, als sie die schrecklichen Berichte über den Tod ihrer engsten Freunde hörte , von denen einige in der Schlacht getötet worden waren, andere wiederum wurden gefangen genommen und unmittelbar danach grausam hingerichtet. Bis zu diesem Zeitpunkt war sie trotz all der Gefahren und Leiden, die sie seit der Schlacht erlitten hatte, entweder in einem Zustand der Benommenheit oder erfüllt von Groll und Wut gegen ihre Feinde, und sie hatte keine Träne vergossen; Doch nun schien die Trauer über den Verlust dieser lieben und treuen Freunde alle anderen Gefühle zu ersetzen, und sie weinte lange, als würde ihr das Herz brechen.

Von ihren Freunden erfuhr Margaret jedoch, dass der König geflohen war und sich wahrscheinlich an einem sicheren Ort befand, was ihr großen Trost spendete. Es wurde angenommen, dass es dem König gelungen war, nach Schottland zu gelangen.

Sie verlassen die Höhle.

Im Laufe des Tages ging einer aus der Gruppe , die mit Brezé kam, in die Nachbardörfer, um zu sehen, ob er dort neue Nachrichten erfahren könnte, und bald darauf kehrte er zurück und brachte mehrere hochrangige Adlige und Prinzen der Lancaster-Linie mit . Margaret war sehr erleichtert, ihre Gruppe so gestärkt zu finden, und bald traf die gesamte Gruppe Vorkehrungen dafür, dass Margaret mit ihnen die Höhle verlassen und versuchen sollte, die schottische Grenze zu erreichen , die in direkter Linie nicht viel mehr als dreißig betrug Meilen von dort entfernt, wo sie waren.

Großzügigkeit des Gesetzlosen.

Bevor sie die Höhle verließen, dankte Margaret dem Gesetzlosen und seiner Frau sehr aufrichtig für ihre Freundlichkeit, sie und den kleinen Prinzen in ihrer Höhle aufzunehmen und so viel für ihren Trost dort zu tun, obwohl sie damit nicht nur sie trösteten Sie haben ihre eigenen dürftigen Lebensunterhaltsmöglichkeiten stark beansprucht, sind aber durch die Unterbringung eines solchen Flüchtlings auch ein großes Risiko eingegangen. Nachdem die Räuber im Wald alles geplündert hatten , blieb ihr nichts anderes übrig, als zu ihren gütigen Beschützern zurückzukehren. Die Adligen, die jetzt bei ihr waren, boten der Frau des Gesetzlosen etwas Geld an – denn sie hatten noch einen kleinen Geldvorrat übrig –, aber sie wollte es nicht annehmen. Sie würden alles, was sie hatten, für sich selbst benötigen, bevor sie Schottland erreichten.

Die Dankbarkeit der Königin.

Die Königin war von dieser Großzügigkeit sehr berührt und sagte, dass sie von allem, was sie verloren hatte, nichts so sehr bedauerte wie die Macht, solche Güte zu belohnen.

Die Reise. Die Reise nach Kirkcudbright.

Als die Gruppe den Wald in Hexham verließ , beschloss die Gruppe, statt nach Norden, direkt auf die Grenze Schottlands zuzugehen, nach Westen nach Carlisle zu reisen, mit der Absicht, von dort aus auf dem Wasserweg über Solway nach Kirkcudbright zu gelangen, dem Hafen, von dem aus Margaret gesegelt war als sie nach Frankreich ging. [17] Sie mussten bei der Durchquerung des Landes zahlreiche Vorsichtsmaßnahmen treffen, um nicht entdeckt zu werden. Die Gesellschaft bestand aus Margarete und dem jungen Prinzen, begleitet von Brezé und seinem Knappen sowie dem Mann aus der Höhle, der das Land kannte und als Führer fungierte. Sie erreichten sicher Carlisle und gingen dort an Bord eines Schiffes, das sie den Firth hinunter brachte und in Kirkcudbright landete.

Ihre Angst.

Obwohl Margaret nun England verlassen hatte, fühlte sie sich nicht viel wohler als zuvor, denn während ihrer Abwesenheit in Frankreich war ein Vertrag zwischen König Edward und dem schottischen König geschlossen worden, der letzteren daran hindern sollte, sie offen in seinen Herrschaftsgebieten zu beherbergen; Daher musste sie sich streng geheim halten.

KAPITEL XX.

JAHRE DES EXILS.

Sie werden entdeckt. Eine Entführung.

Margaret war noch nicht lange in Kirkcudbright, als sie zufällig von einem Mann gesehen wurde, der sie kannte. Dieser Mann war ein Engländer. Sein Name war Cork. Er gehörte der Yorkistischen Partei an. Er sagte nichts, als er die Königin sah, aber er fasste sofort den Entschluss, sie und ihre ganze Gruppe zu ergreifen, sie nach England zu bringen und sie König Edward zu übergeben. Er fand einen Weg, diesen Plan in die Tat umzusetzen. Er ergriff de Brezé und seinen Knappen sowie die Königin und den Prinzen und trug sie in der Nacht an Bord eines Bootes, nachdem er sie zuvor gefesselt und geknebelt hatte, um sie daran zu hindern, Widerstand zu leisten oder irgendwelche Schreie auszustoßen. Es scheint, dass De Brezé nicht bei der Königin war, als er gefangen genommen wurde, und da es dunkel war, als sie an Bord des Bootes gebracht wurden, und keiner sprechen konnte, wusste keiner der beiden Parteien, dass die anderen dort waren, bis sie am Morgen weg waren weg vom Ufer, draußen im weiten Teil der Solway Bay.

De Brezés Heldentat.

In der Nacht jedoch gelang es De Brezé , einem Mann mit Anstand und großer persönlicher Stärke sowie unerschrockener Tapferkeit, sich von seinen Fesseln zu befreien und auch seinen Knappen zu befreien, ohne den Bootsleuten mitzuteilen, was er tat getan hatte. Dann, am Morgen, auf der Suche nach einer günstigen Gelegenheit, stürzten sie sich gemeinsam auf die Bootsleute, ergriffen die Ruder, und nach einem heftigen Kampf, bei dem sie beinahe das Boot umgeworfen hätten, gelang es ihnen schließlich, einige der Männer zu töten. und die anderen über Bord zu werfen. Sie befreiten Margarete und den Prinzen sofort und versuchten dann, sich an die Küste zu begeben.

Im Solway Firth herumgeworfen.

Nachdem das Boot eine Zeit lang im Golf oder Firth of Solway hin und her geschleudert worden war, wurde es vom Wind über mehr als sechzig Meilen durch den Nordkanal hinauf getragen und schließlich auf eine Sandbank nahe der Küste von Cantyre geschleudert berühmtes Vorgebirge, das sich in diesem Teil Schottlands ins Meer erstreckt. Das Boot schlug in einiger Entfernung vom Festland auf, und das Meer rollte so stark auf es ein, dass die Gefahr bestand, dass es in Stücke zerbrach; So nahm De Brezé die Königin auf seine Schultern, watete durch das Wasser und trug sie zum Ufer. Barville , der Gutsherr, trug den Prinzen auf die gleiche Weise. Und so waren sie an Land wieder sicher.

Sie landen in Schottland.

Sie fanden die Küste wild und karg und das Land verlassen vor; aber das hatte zumindest einen Vorteil, und zwar, dass die Königin kaum Gefahr lief, erkannt zu werden; Denn wie einer von Margarets Historikern es ausdrückt, waren die Bauern so unwissend, dass sie sich nicht vorstellen konnten, dass jemand eine Königin wäre, wenn sie nicht eine Krone auf dem Kopf und ein Zepter in der Hand hätte.

Ankunft im Weiler.

Sie gingen alle ein Stück weiter ins Landesinnere und fanden schließlich einen kleinen Weiler, wo Margaret beschloss, beim Prinzen zu bleiben, bis De Brezé nach Edinburgh gehen und sich über die Lage des Landes informieren konnte, um ihr so die Möglichkeit zu geben, darüber nachzudenken welchen Kurs man einschlagen soll.

Der Bericht, den De Brezé nach seiner Rückkehr vorbrachte, war sehr entmutigend. Als Margaret jedoch davon hörte, beschloss sie, selbst nach Edinburgh zu gehen, um zu sehen, was sie tun konnte. Als sie dort ankam, stellte sie fest, dass die Regierung nicht bereit war, mehr für sie zu tun . Sie würden ihr, so sagten sie, die Möglichkeit geben, in aller Stille nach England zurückzukehren, um dort bei einigen ihrer Freunde Zuflucht zu suchen, aber das sei alles, was sie tun könnten.

Margaret erreicht Bamborough .

Also kehrte Margaret nach England zurück und blieb einige Zeit im großen Schloss von Bamborough , das sich noch in den Händen ihrer Freunde befand. Sie versuchte hier, eine Möglichkeit zu finden, ihre verstreuten Anhänger wieder zusammenzubringen und eine neue Kundgebung zu organisieren, stellte jedoch fest, dass dieses Ziel nicht erreicht werden konnte. Somit schienen alle Ressourcen, die Frankreich, Schottland oder England für ihre scheiternde Sache bereitstellen konnten, erschöpft zu sein, und nachdem sie hilfesuchend in alle Richtungen blickte, beschloss sie, den Deutschen Ozean nach Flandern zu überqueren, um zu sehen, ob sie könnte dort Mitgefühl oder Beistand finden.

Sie segelt nach Flandern. Ein Sturm.

Verglichen mit der Zahl der Begleiter, die sie auf ihrem Flug nach Schottland begleiteten, war das Gefolge von Freunden und Gefolgsleuten, das sie auf diesem Rückzug auf den Kontinent begleitete, ziemlich groß, obwohl es wahrscheinlich ist, dass der Großteil dieser Gesellschaft sie ganz begleitete sowohl auf eigene Rechnung als auch auf die der Königin. Die gesamte Gruppe zählte etwa zweihundert. Sie schifften sich von Bamborough aus an Bord zweier Schiffe ein, aber schon bald nachdem sie das Land verlassen hatten, kam es zu einem Sturm, und die beiden Schiffe wurden voneinander getrennt, und zwölf Stunden lang war das Schiff, das Margaret und der Prinz genommen hatten, in unmittelbarer Gefahr überwältigt sein. Der Wind steigerte sich zu einem perfekten Hurrikan, und niemand rechnete damit, dass sie entkommen könnten.

Der Herzog von Burgund.

Schließlich ließ der Sturm jedoch nach, so dass das Schiff einen Hafen anlaufen konnte; Allerdings nicht im Hafen ihres Ziels, sondern weit südlich davon, in einem Gebiet, das Philipp, Herzog von Burgund, gehörte, zwischen dem und Margaret während ihres gesamten Lebens eine erbliche und unversöhnliche Feindschaft bestanden hatte. Margaret war zutiefst beunruhigt darüber, dass sie einer Person ausgeliefert war, die sie als einen ihrer tödlichsten Feinde betrachtete.

Großzügigkeit des Herzogs.

Doch zu ihrer großen Überraschung hatte der Herzog, sobald er von ihrer Ankunft im Land hörte, Mitleid mit ihrem Unglück, vergaß all seine frühere Feindschaft und behandelte sie äußerst großzügig. Als sie ankam, war er noch nicht in Lille, seiner Hauptstadt, aber er schickte seinen Sohn, um sie zu empfangen und mit allen möglichen Zeichen des Respekts in die Hauptstadt zu führen. Als sie später weiterging, um den Herzog zu treffen, sandte er eine Ehrengarde, um sie zu begleiten, und als sie an seinem Hof ankam, der sich damals an einem Ort namens St. Pol befand, empfing er sie auf sehr vornehme Weise. und bereitete große Unterhaltungen und Festlichkeiten vor, um ihr Ehre zu erweisen.

Er erwies ihr auch noch größere Dienste als diese, indem er ihr reichlich Geld für alle ihre unmittelbaren Bedürfnisse zur Verfügung stellte. Er gab jeder der Damen in ihrem Gefolge hundert Kronen, Brezé tausend und Margaret selbst einen Befehl an seinen Schatzmeister über zehntausend.

Renés Dankbarkeit.

König René, Margarets Vater, war sehr berührt von dieser Großzügigkeit und Freundlichkeit seitens seines alten Familienfeindes. Er selbst war zu dieser Zeit völlig mittellos und nicht in der Lage, etwas für die Linderung seiner Tochter zu tun. Er schrieb jedoch einen herzlichen Dankesbrief an Philipp, in dem er erklärte, dass er eine solche Freundlichkeit von seinen Händen nicht verdient habe und auch nicht erwartet habe.

Ein seltenes Beispiel.

Wir haben im Verhalten des Herzogs von Burgund bei dieser Gelegenheit ein einziges und einziges Beispiel unter all den christlichen Rittern, Adligen und Fürsten, die in dieser langen und melancholischen Geschichte von Streit,

Grausamkeit und Verbrechen eine Rolle spielen Der Regel des Erlösers: „
Vergib deinen Feinden, tu Gutes denen, die dich hassen", wurde herzlich
Folge geleistet. und was für glückliche Früchte das Ergebnis für alle
Beteiligten war! Wie viel von all dem enormen Blutvergießen und Leid, das
in diesen düsteren Zeiten vorherrschte, wäre verhindert worden, wenn
diejenigen, die sich als Nachfolger Christi ausgab, wirklich das gewesen
wären, was sie vorgaben.

Margaret geht nach Lothringen.

Mit dem Geld, das Margaret vom Herzog von Burgund erhielt, konnte sie
ihre Reise einigermaßen bequem in die alte Heimat ihrer Kindheit in
Lothringen fortsetzen . Alles, was ihr Vater für sie tun konnte, war, ihr einen
bescheidenen Zufluchtsort in einer Burg in Verdun an der Mosel zu bieten,
die durch die Provinz fließt. Sie ging dorthin, besuchte sie mit einer kleinen
Gruppe von Anhängern und blieb hier sieben lange Jahre lang in völliger
Abgeschiedenheit von der Welt und fast vergessen.

Der Prinz. Schlechte Nachrichten vom König. Sein Leben verschont.

Während dieser ganzen Zeit genoss sie den Trost und die Befriedigung,
ihren Sohn, den Prinzen, bei sich zu haben und zu beobachten, wie er unter
ihrer persönlichen Obhut und unter der Leitung von ein oder zwei
erfahrenen Männern, die ihr immer noch anhingen und ihr halfen, zum Mann
heranwuchs sie in der Erziehung ihres Jungen. Sie wurde jedoch
hoffnungslos von ihrem Mann getrennt. Sie wusste lange nicht , was aus ihm
geworden war. Während dieser Zeit führte er ein sehr unsicheres und
wanderndes Leben in England und wanderte von einem Versteck zum
anderen, wo immer seine Freunde ihn am bequemsten verstecken konnten.
Schließlich erreichte die Königin jedoch auf ihrem Rückzug in Verdun die
schwere Nachricht, dass ihr Mann auf einem seiner Rückzugsorte verraten
und auf sehr schändliche Weise als Gefangener nach London gebracht
worden sei. Es war zu erwarten, dass er sofort hingerichtet würde; Aber aus
politischen Gründen hielt es die Yorker Partei nicht für das Beste, zu diesem
Extrem zu schreiten, zumal alle seine königlichen Rechte sofort auf seinen
Sohn übergegangen wären, in dessen Händen sie mit einer solchen Mutter,
die ihm zur Seite stand, gestanden hätten werde furchteinflößender als je
zuvor. Daher war es für seine Feinde in vielerlei Hinsicht besser, den alten
König am Leben zu lassen.

Grausamkeiten. Männer gefoltert.

Doch die Regierung König Eduards traf ganz besondere Vorkehrungen,
um zu verhindern, dass Margaret und der junge Prinz erneut nach England
kamen. Entlang der Küste war eine Küstenwache stationiert, und jeder in
England, der verdächtigt wurde, mit der verbannten Königin in Verbindung

zu stehen, wurde auf die bestmögliche Weise beobachtet und bewacht. Einige wurden gefoltert und hingerichtet, um sie zur Herausgabe von Briefen oder Papieren zu zwingen, die sich angeblich in ihrem Besitz befanden. Ein gewisser wohlhabender Kaufmann aus London wurde des Hochverrats angeklagt und sehr hart bestraft, einfach weil er gebeten worden war, Margaret Geld zu leihen, und obwohl er sich weigerte, den Kredit zu gewähren, die Behörden nicht über den gestellten Antrag informierte zu ihm.

Große Treue.

Unter anderen Beispielen für die schockierende Grausamkeit , der sich die Machthaber in ihrem Hass auf Margaret und ihre Sache schuldig gemacht haben, heißt es, dass ein Mann, wie sie dachten, bei dem Versuch, Briefe hin und her zu befördern, erwischt wurde Margaret und einige ihrer Freunde in England wurden mit glühenden Zangen in Stücke gerissen, in dem erfolglosen Versuch, ihn zu einem Geständnis zu bewegen, wer die Personen in England waren, für die die Briefe bestimmt waren. Aber er ertrug die Folter bis zum Ende und starb, ohne das Geheimnis preiszugeben.

KAPITEL XXI.

DIE VERSÖHNUNG MIT WARWICK.

1469. Großartige Neuigkeiten. Aufstand von Warwick.

Im Herbst 1469 erwachte Margarets Geist zu neuem Leben und Aufregung durch die Nachricht aus England, dass sich im Reich nach und nach großer Widerstand gegen die Regierung Edwards gebildet habe, dass viele seiner besten Freunde ihn verlassen hätten und dass die Freunde und Anhänger der Lancaster-Linie nahmen an Stärke und Mut in einem solchen Ausmaß zu, dass es wahrscheinlich war, dass die Zeit nahte, in der Heinrich wieder auf den Thron zurückkehren könnte. Der wichtigste Umstand im Zusammenhang mit der Veränderung, die stattgefunden hatte, war, dass der große Earl of Warwick, der während des gesamten Krieges der effizienteste und mächtigste Unterstützer des Hauses York und der entschiedenste Feind von Margaret und Henry gewesen war, dies getan hatte Nun verließ er Edward, war nach Frankreich gekommen und war bereit, das ganze Gewicht seiner Macht und seines Einflusses auf die andere Seite zu werfen. [18]

Aufregung. Margaret schickte nach.

Natürlich löste diese Nachricht in ganz Frankreich große Aufregung aus. König Ludwig XI. war besonders an ihnen interessiert, da sie die Hoffnung begründeten, dass Margaret ihren Thron zurückgewinnen und so ihre Hypothek zurückzahlen oder ihm die Sicherheit übergeben könnte; Deshalb berief er einen Rat in Tours ein, um zu überlegen, was am besten zu tun sei, und ließ Margarete nach Verdun kommen, damit sie mit dem Prinzen käme und daran teilnahm. Er ließ auch René, ihren Vater und andere einflussreiche Freunde der Familie kommen. Es heißt, dass Margaret, als sie ankam und ihren Vater traf, von der Nachricht und den Hoffnungen, die sie in ihrem Herzen weckte, so aufgeregt war, dass sie, als sie ihn umarmte, vor lauter Aufregung und Freude in Tränen ausbrach .

Versöhnung mit Warwick vorgeschlagen.

Doch den Gedanken an eine Versöhnung mit Warwick konnte sie nicht ertragen. Zunächst weigerte sie sich entschieden, ihn zu sehen oder mit ihm zu sprechen. Als er jedoch schließlich in Tours ankam, stellte ihn der König Margarete vor, doch diese weigerte sich lange Zeit, etwas mit ihm zu tun zu haben.

„Sie konnte ihm nie vergeben", sagte sie. „Er war der Hauptverursacher des Untergangs ihres Mannes und aller Sorgen und Katastrophen , die ihr und ihrem Sohn seitdem widerfahren waren.

Margarets Einwände.

„Außerdem", sagte sie, „selbst wenn sie bereit wäre, ihm das unerträgliche Unrecht zu verzeihen, das er ihr zugefügt hatte, wäre es für die Sache ihres Mannes sehr schädlich, mit ihm irgendeine Vereinbarung oder ein Bündnis einzugehen; für sie alle." Partei und Freunde in England, denen Warwick so viel zugefügt hatte und die ihn so lange als ihren schlimmsten und tödlichsten Feind angesehen hatten, würden ihr völlig entfremdet sein, wenn sie wüssten, dass sie ihn in Gunst gebracht hatte, und sie würde also viel mehr verlieren, als sie gewinnen würde."

Warwicks Argumente. Seine Versprechen.

Warwick antwortete darauf, so gut er konnte, indem er die Verletzungen , die er selbst von der Lancaster-Partei erlitten hatte, als Entschuldigung für seine Feindseligkeit gegen sie anführte. Dann war er außerdem das Mittel gewesen, König Edward in seinem Reich zu verunsichern und König Heinrich den Weg zur Rückkehr zu ebnen; und er versprach, dass, wenn Margaret ihn in ihre Dienste aufnehmen würde, er ihr von nun an treu und treu sein würde, solange er lebte, und ebenso sehr König Edwards Feind sein würde, wie er bisher sein Freund gewesen war. Er appellierte außerdem an den König von Frankreich, ihm die Gewissheit zu geben, dass er diese Auflagen treu erfüllen würde.

König Ludwig tritt ein.

Der König von Frankreich sagte, dass er sein Bürge sein würde, und er bat Margaret, Warwick zu begnadigen und ihn um seinetwillen *und* wegen der großen Liebe, die er, der König, ihm entgegenbrachte, in Gunst zu nehmen. Er würde mehr für ihn tun, fügte er hinzu, als für jeden lebenden Menschen.

Margaret ließ sich schließlich überzeugen, und Warwick wurde vergeben.

Ein neuer Vorschlag.

Es gab mehrere andere große Adlige, die mit Warwick herübergekommen waren und gleichzeitig in Margarets Gunsten aufgenommen wurden, und als die große Versöhnung vollständig zustande gekommen war, machte sich die gesamte Gruppe gemeinsam auf den Weg, die Loire hinunter nach Angers zu gehen, wo die Gräfin von Warwick, die Frau des Grafen, und seine jüngste Tochter Anne erwarteten sie. Die Gräfin und Anne wurden der Königin vorgestellt, und kurze Zeit später wagte Louis es, eine Heirat zwischen Anne und Prinz Edward vorzuschlagen.

Margarets Empörung.

Margaret nahm diesen Vorschlag mit Erstaunen auf und lehnte ihn mit Verachtung ab. Sie sagte, sie könne darin weder Ehre noch Gewinn sehen, weder für sich selbst noch für ihren Sohn. Aber schließlich, nachdem sie vierzehn Tage damit verbracht hatte, mit ihr über die Vorteile der

Verbindung und die Hilfe zu diskutieren, die sie aus einem solchen Bündnis mit Warwick bei dem Bemühen, das Königreich ihres Mannes zurückzugewinnen, gewinnen würde, gab sie schließlich nach . Bei dieser Entscheidung wurde sie schließlich durch den Rat ihres Vaters beeinflusst, der ihr riet, dem Heiratsantrag zuzustimmen.

Das Match wurde schließlich vereinbart.

Die Parteien kamen in einer großen religiösen Zeremonie in der Kathedrale von Angers zusammen, um die Bündnisse und Vereinbarungen zu besiegeln und zu ratifizieren, an die sie nun gebunden sein sollten.

Das wahre Kreuz.

Unter den Reliquien in der Kathedrale befand sich angeblich ein Fragment des wahren Kreuzes, und dieses war Gegenstand einer solchen Verehrung, dass ein darauf geleisteter Eid als Verpflichtung zu höchster Heiligkeit angesehen wurde. Jede der drei großen Parteien legte der Reihe nach einen Eid auf dieses heilige Emblem ab.

Eide geleistet.

Erstens schwor der Earl of Warwick, dass er unverändert an der Partei König Heinrichs festhalten und ihm, der Königin und dem Prinzen dienen würde, wie ein wahrer und treuer Untertan seinem souveränen Herrn dienen sollte.

Als nächstes schwor der König von Frankreich, dass er dem Earl of Warwick im Streit mit König Heinrich nach Kräften helfen und ihn unterstützen würde.

Und schließlich schwor Königin Margaret, den Grafen gegenüber König Heinrich und dem Prinzen treu und treu zu behandeln und ihm „für seine vergangenen Taten niemals Vorwürfe zu machen".

1470. Die Verlobung. Bedingungen.

Zu diesem Zeitpunkt wurde außerdem vereinbart, dass Anne, die Tochter des Earl of Warwick, die mit dem Prinzen verlobt war, Königin Margaret übergeben werden sollte und bis zur Vollendung der Ehe unter ihrer Obhut bleiben sollte. Dies sollte jedoch erst geschehen, als der Earl of Warwick in England war und das Reich, oder zumindest den größten Teil davon, zurückerobert und an König Heinrich zurückgegeben hatte. Daher sollte der Vollzug der Ehe davon abhängen, ob es Warwick gelang, Heinrich seine Krone zurückzugeben.

Zeremonie.

Dennoch wurde einige Tage später in Angers eine Art Hochzeitszeremonie oder, genauer gesagt, eine Verlobungszeremonie zwischen dem Prinzen und seiner Braut gefeiert, mit einer großen Parade, und dann Warwick, der seine Gräfin und seine Tochter zurückließ Margaret brach mit einer Truppe von zweitausend Mann, die Ludwig ihm zur Verfügung gestellt hatte, nach England auf.

Margaret macht sich auf den Weg nach Paris. Empfang in Paris.

Nachdem Warwick gegangen war, blieb Margaret einige Wochen in Angers und machte sich dann in Begleitung einer Ehrengarde auf den Weg nach Paris. Ihre Gruppe traf im November in der Hauptstadt ein und Margaret wurde auf Ludwigs Befehl mit allen Zeremonien und Auszeichnungen empfangen, die einer Königin zustehen. Die Straßen, durch die sie ging, waren mit Wandteppichen geschmückt und mit Fahnen und Bannern sowie allen anderen passenden Dekorationen geschmückt . Die Menschen strömten in Scharen heraus, um der großen Prozession beizuwohnen; Denn zusätzlich zu der Ehrengarde, die die Partei in die Hauptstadt geführt hatte, schlossen sich alle großen öffentlichen Beamten und hohen Beamten der Prozession an den Toren an und begleiteten sie durch die Stadt, wodurch ein großartiges und imposantes Schauspiel geboten wurde.

Gute Nachrichten erhalten.

Königin Margarete und ihre Gesellschaft wurden auf diese Weise zum Palast geführt und wohnten dort in großer Pracht. Auch ihre Herzen freuten sich bei ihrer Ankunft, als sie die Nachricht erhielten, dass Warwick in England gelandet sei und sein Unterfangen völlig erfolgreich gewesen sei. König Edward wurde abgesetzt und König Heinrich aus seiner Gefangenschaft im Tower entlassen und auf den Thron gesetzt.

Margaret beschloss natürlich sofort, sofort Vorbereitungen für die Rückkehr nach England zu treffen.

KAPITEL XXII.

Vorbereitungen für die Reise nach England. Harfleur.

Die Vorbereitungen, die erforderlich waren, damit Margaret und ihre Begleitung in angemessenem Zustand nach England zurückkehren konnten, schienen mehrere Monate in Anspruch genommen zu haben; Denn obwohl der große Einzug in Paris bereits im November stattfand und die Nachricht von Heinrichs Wiedereinsetzung eintraf, war die königliche Partei erst im Februar zur Einschiffung bereit. Es mussten Verhandlungen geführt, Männer angeworben, Schiffe beschafft, Gelder bereitgestellt, Ernennungen festgelegt, Kleidung hergestellt und tausend Fragen der Rangfolge und Etikette berücksichtigt werden vereinbart worden. Endlich war jedoch alles bereit, und die ganze Gesellschaft begab sich gemeinsam nach dem Hafen, der als Einschiffungsort ausgewählt worden war. Dieser Hafen war Harfleur . Harfleur liegt an der Küste der Normandie, in der Nähe des moderneren Hafens von Havre.

Gegenwind. Angebliche Hexerei.

Als die Zeit zum Segeln kam, sah das Wetter sehr ungünstig aus; Aber Margarete, die durch die Verzögerungen, die ihre Rückkehr so lange hinausgezögert hatten, müde geworden war und es kaum erwarten konnte, wieder in ihren eigenen Herrschaftsgebieten anzukommen, befahl den Schiffen, in See zu stechen . Dreimal unternahmen sie den Versuch, und dreimal wurden die Schiffe wieder in den Hafen zurückgetrieben. Viele ihrer Freunde waren durch diese Misserfolge sehr entmutigt. Einige meinten, dass dieser anhaltende Widerstand der Elemente gegen ihre Pläne als Hinweis der göttlichen Vorsehung gewertet werden sollte, dass sie zum jetzigen Zeitpunkt nicht nach England gehen dürfe, und baten sie, den Versuch aufzuschieben. Andere glaubten, dass die Gegenwinde von Hexen erzeugt würden, und begannen, Maßnahmen zu entwickeln, um herauszufinden, wer die Hexen waren.

Große Firma. Armee soll eingeschifft werden. Margarets Ängste.

Margaret schenkte keinem dieser Vorschläge Beachtung, beharrte jedoch auf ihrer Entschlossenheit, in dem Moment zu segeln, in dem das Wetter es zulassen würde. Diese Verzögerung bereitete ihr große Unannehmlichkeiten und verursachte erhebliche Kosten. Denn neben ihren eigenen Offizieren und Dienern hatte Margaret eine ziemlich große Truppe Soldaten versammelt, um mit ihr den Kanal zu überqueren und die Armeen von Warwick und Henry zu verstärken. Das war durchaus notwendig; Denn obwohl Heinrich nominell wieder auf den Thron zurückgekehrt war, waren seine Feinde immer noch in beträchtlicher Stärke im Feld, und Margaret war sehr daran interessiert, die Mittel mitzubringen, um sie niederzuschlagen. Tatsächlich wusste sie, dass die Situation ihres Mannes äußerst prekär war und dass sich das Schicksal des Krieges jederzeit zu seinen Ungunsten wenden könnte. Und diese Überlegung machte sie angesichts der durch das Wetter in Harfleur verursachten Verzögerung äußerst ungeduldig. Sie wusste nicht, dass der König selbst dann in einen engen Konflikt mit seinen Feinden verwickelt sein und wahrscheinlich von ihnen überwältigt werden könnte und dass ihre Streitmacht aufgrund der langen Verzögerung zu spät eintreffen würde, um ihn zu retten.

Wehe der armen Margaret! Es war tatsächlich genau so.

Gräfin von Warwick.

Erst am 24. März konnte der Hafen verlassen werden; Doch dann beschloss die Königin, nicht länger zu warten, obwohl sich das Wetter noch lange nicht beruhigt hatte. Die Gräfin von Warwick, die in Frankreich zurückgeblieben war, als der Graf und ihr Mann nach England gingen, segelte gleichzeitig mit der Königin von Harfleur aus, allerdings auf einem anderen Schiff. Ihre Tochter jedoch, die Braut des Prinzregenten , begleitete die Königin.

Ankunft in England.

Das Wetter blieb auch nach der Abfahrt der Flotte sehr stürmisch, und da die Stürme, die so stark wehten , aus dem Norden kamen, konnten die Schiffe kaum vorankommen. Mehr als zwei Wochen lang waren sie im Ärmelkanal unterwegs oder lagen vor Anker und warteten auf einen Windwechsel. Während dieser ganzen Zeit befand sich Margaret in einem wahren Fieber der Ungeduld und Angst.

Endlich, etwa am 10. April, erreichten sie das Land bei Weymouth.

Die Landung.

Nachdem die Schiffe in den Hafen eingelaufen waren, dauerte es ein bis zwei Tage, Vorbereitungen für die Landung zu treffen. Zu diesen Vorbereitungen gehörte die Einrichtung von Wohnungen in einer Abtei in der Nähe von Weymouth, um die Königin und ihre Begleiter aufzunehmen. In der Zwischenzeit wurde die Landung der Truppen so schnell wie möglich vorangetrieben.

Das Schiff, auf dem sich die Gräfin von Warwick einschiffte, war in eine andere Richtung als Margarets Flotte gesegelt, und es war noch nicht bekannt, was aus ihr geworden war.

Nachricht von einer Schlacht.

Als die Vorbereitungen endlich abgeschlossen waren, gingen die Königin und ihre Gruppe an Land und bezogen ihre Wohnung in der Abtei. Margaret war in Gedanken intensiv mit den Vorbereitungen beschäftigt, die nötig waren, um ihre Truppen aufzustellen und sie für den Marsch zur Hilfe Warwicks vorzubereiten, als sie zu ihrem Erstaunen und ihrer Bestürzung schon am nächsten Tag, nachdem sie ihre Unterkunft in der Stadt bezogen hatte, die Nachricht erhielt Abtei, dass die Truppe von König Edward sich mit großer Kraft versammelt hatte und in Richtung London vorrückte, und dass an einem Ort namens Barnet, ein paar Meilen von London entfernt, eine Schlacht ausgetragen worden war, in der Edwards Truppe völlig siegreich gewesen war.

Warwick getötet.

Der Earl of Warwick war getötet worden. König Heinrich, ihr Mann, war gefangen genommen worden, und ihre Sache schien völlig verloren zu sein.

Tod von Warwick.

1471. Art und Weise von Warwicks Tod.

Warwick war zu Fuß in die Schlacht gezogen, um den Wetteifer seiner Männer wirksamer anzuregen, so dass er selbst, als seine Truppen am Ende besiegt wurden und flohen, aufgrund seiner Rüstung nicht mehr retten konnte er selbst, wurde aber von seinen unbarmherzigen Feinden eingeholt und getötet.

Margarets Verzweiflung. Unmittelbare Gefahr.

Die schreckliche Aufregung und Angst, die diese Nachricht in der Königin auslöste, lässt sich kaum beschreiben. Zuerst fiel sie in Ohnmacht, und als sie schließlich wieder zu Sinnen kam, war sie so völlig von Enttäuschung, Ärger und Wut überwältigt und redete so wild und zusammenhangslos, dass ihre Freunde fast fürchteten, sie würde den Verstand verlieren. Ihr Sohn, der junge Prinz, der inzwischen fast neunzehn Jahre alt war, tat alles in seiner Macht stehende, um sie zu beruhigen und zu beruhigen, und schließlich gelang es ihm, sie dazu zu bewegen, darüber nachzudenken, was getan werden müsse, um ihr und seines zu sichern Sicherheit. Dort zu bleiben, wo sie waren, bedeutete, sich jederzeit dem Angriff einer Gruppe von Edwards siegreichen Truppen auszusetzen und Gefangene in den Tower zu befördern.

Sie sucht Sicherheit. Die Gräfin von Warwick.

Nicht weit von der heutigen Margarethe befand sich eine weitere Abtei, die als Heiligtum mit bestimmten Privilegien ausgestattet war, so dass Personen, die dort Zuflucht suchten, unter bestimmten Umständen nicht weggebracht werden konnten. Der Name dieses Rückzugsortes war Beaulieu Abbey. Margaret reiste sofort quer durch das Land zu diesem Ort und nahm den Prinzen und fast alle anderen ihrer Gruppe mit. Entweder bei ihrer Ankunft hier oder unterwegs traf sie die Gräfin von Warwick, die, wie man sich erinnern wird, Harfleur zur gleichen Zeit wie sie verlassen hatte. Das Schiff der Gräfin war weiter nach Osten getrieben worden und schließlich in Portsmouth gelandet. Hier hatte auch sie die Nachricht von der Schlacht von Barnet und vom Tod ihres Mannes erfahren, und da sie von der Nachricht völlig überwältigt war und auch um ihre eigene Sicherheit besorgt war, hatte sie beschlossen, ebenfalls in die Abtei von Beaulieu Zuflucht zu suchen.

Große Kehrtwende.

Die beiden unglücklichen Damen, die sich drei Wochen zuvor an der Küste Frankreichs mit so hohen und hervorragenden Erwartungen getrennt hatten, trafen sich nun, beide in tiefstem und überwältigendem Kummer versunken. Ihre Hoffnungen wurden zunichte gemacht, all ihre guten Aussichten wurden zerstört, und sie befanden sich in der Lage hilfloser und elender Flüchtlinge, die auf einen religiösen Zufluchtsort angewiesen waren, in der Hoffnung, ihr Leben zu retten.

KAPITEL XXIII.

KINDERLOS UND WITWE.

Margaret wurde von Freunden gefunden.

Margaret vertraute für ihre Sicherheit nicht ganz auf die Heiligkeit des Heiligtums, in dem sie Zuflucht gesucht hatte. Sie bemühte sich mit allen ihr zur Verfügung stehenden Mitteln, den Ort ihres Rückzugs vor allen außer ihren auserwählten und vertrauenswürdigsten Freunden geheim zu halten. Sehr bald jedoch wurde sie von einigen von ihnen besucht, insbesondere von einigen jungen Adligen, die verärgert und alle voller Wut und Groll zu ihr kamen, wegen des Todes ihrer Freunde und Verwandten, die ermordet worden waren der Kampf.

Ihr trauriger Zustand.

Sie fanden Margaret jedoch in einem ganz anderen Geisteszustand als sie selbst. Sie begann, entmutigt zu sein. Die lang andauernde und bittere Erfahrung des Scheiterns und der Enttäuschung, die nun seit so vielen Jahren ihr ständiges Los war, schien endlich die Macht gehabt zu haben, sogar *ihre* Entschlossenheit und Energie zu untergraben und zu zerstören. Als ihre Freunde sie besuchten, fanden sie sie in einer Art Benommenheit des Elends und der Verzweiflung vor, aus der es ihnen schwerfiel, sie aufzuwecken.

Ihre Freunde ermutigen sie. Wenig Erfolg.

Und als es ihnen schließlich gelang, sie so weit aus ihrer Verzweiflung zu erwecken, dass sie sich für ihre Beratungen interessierte, schien ihr einziges Gefühl vorerst die Sorge um die Sicherheit ihres Sohnes zu sein. Sie bettelte und flehte sie an, Maßnahmen zu *seinem Schutz zu ergreifen* . Sie versuchten sie davon zu überzeugen, dass ihre Situation nicht so verzweifelt war, wie sie es sich vorgestellt hatte. Sie hätten immer noch eine mächtige Kraft auf ihrer Seite, sagten sie. Diese Streitmacht sammelte sich nun und versammelte sich wieder, und mit ihrer Anwesenheit und der des jungen Prinzen in ihrem Hauptquartier würden die Zahl und der Enthusiasmus ihrer Truppen sehr schnell zunehmen, und es bestand große Hoffnung, dass sie bald wieder dazu in der Lage sein würden dem Feind unter günstigeren Vorzeichen als je zuvor zu begegnen.

Ihre Wünsche.

Aber die Königin schien nicht bereit zu sein, ihren Ansichten zuzustimmen. Es nütze nichts, sagte sie, weitere Anstrengungen zu unternehmen. Sie waren nicht stark genug, um ihren Feinden im Kampf entgegenzutreten, und dieser Versuch würde nur neue Katastrophen zur Folge haben. Es blieb ihr nichts anderes übrig, als für sie und den jungen

Prinzen sowie für alle anderen, die bereit waren, ihr Schicksal zu teilen, so schnell wie möglich nach Frankreich zurückzukehren und dort zu bleiben und auf bessere Zeiten zu warten.

Der junge Prinz.

Doch der junge Prinz war nicht bereit, diesen Plan anzunehmen. Er war jung und voller Zuversicht und Hoffnung, und er schloss sich den Adligen an und drängte seine Mutter, dem Feldzug zuzustimmen. Sein Einfluss überwog; und Margaret gab schließlich nach, wenn auch mit großem Widerwillen und vielen Vorahnungen.

Eine Armee versammelte sich.

also das Heiligtum und wurde zusammen mit dem Prinzen heimlich nach Norden eskortiert, um sich dort dem Heer anzuschließen. Die westlichen Grafschaften Englands, die an den Grenzen von Wales lagen, standen Heinrichs Sache schon lange sehr positiv gegenüber, und als das Volk erfuhr, dass die Königin und der junge Prinz dort waren, strömten sie in großer Zahl herbei, wie die Adligen vorhergesagt hatten , um sich ihrem Standard anzuschließen. In kurzer Zeit war eine große Armee bereit, das Feld einzunehmen.

Baden.

Margaret war zu dieser Zeit in Bath. Sie hörte bald, dass König Edward mit einer großen Armee aus London gegen sie vorrückte. Sie dachte, ihre eigenen Kräfte seien noch nicht stark genug, um ihm entgegenzutreten; Deshalb fasste sie den Plan, den Severn nach Wales zu überqueren und dort zu warten, bis eine größere Streitmacht konzentriert sein sollte.

Nach Bristol. Versucht, den Fluss zu überqueren.

Dementsprechend ging sie von Bath nach Bristol , das, wie aus der Karte hervorgeht, am Ufer des Severn liegt, an einer Stelle, wo der Fluss sehr breit ist. Sie konnte hier nicht überqueren, da die niedrigste Brücke am Fluss in Gloucester lag, dreißig oder vierzig Meilen weiter oben; Also zog sie nach Gloucester und wollte dort hinüberfahren. Aber sie fand die Brücke befestigt und im Besitz eines Offiziers unter dem Befehl des Herzogs von Gloucester, der ein Parteigänger von König Edward war, und er weigerte sich, die Königin ohne den Befehl seines Herrn passieren zu lassen.

Ankunft von Edward.

Der Versuch, die Brücke zu überqueren, schien nicht sinnvoll, und so gingen Margaret und ihre Gruppe weiter flussaufwärts, um einen anderen Ort zu finden, an dem sie nach Wales gelangen konnten. Sie war auf dieser Reise sehr aufgeregt und litt große Angst, denn die Armee von König

Edward rückte schnell vor und es bestand die Gefahr, dass sie abgefangen und ihr Rückzug abgeschnitten würde; Deshalb drängte sie mit äußerster Sorgfalt vorwärts und erreichte schließlich, nachdem sie mit ihren Truppen an einem Tag siebenunddreißig Meilen marschiert war, Tewkesbury, eine Stadt etwa auf halber Strecke zwischen Gloucester und Worcester. Als sie dort ankam, stellte sie fest, dass Edward an der Spitze einer großen Armee bereits eine Meile von dem Ort entfernt war und zum Kampf bereit war.

Sie beziehen Stellung.

Nun bot sich jedoch für Margaret die Gelegenheit, den Fluss zu überqueren und sich für eine Zeit nach Wales zurückzuziehen, und sie selbst war sehr daran interessiert, dies zu tun, aber die jungen Adligen, die bei ihr waren, und insbesondere der Herzog von Somerset, waren gewalttätig und der hitzköpfige junge Mann, der als Anführer fungierte, wollte nicht zustimmen. Er erklärte, dass er sich nicht weiter zurückziehen werde.

„Wir werden hier Stellung beziehen", sagte er, „und das Glück nehmen, das Gott uns schickt."

Also schlug er sein Lager im Park auf, der an der Stadtgrenze lag, und errichtete Schanzen. Viele der anderen Anführer lehnten seinen Plan, an diesem Ort Stellung zu beziehen, entschieden ab, aber Somerset war der Oberbefehlshaber, und er würde seinen Willen durchsetzen.

Schlacht von Tewkesbury. Vorbereitungen für den Kampf.

Er zeigte jedoch keine Neigung, sich persönlich vor der Gefahr zu schützen, der seine Freunde und Anhänger ausgesetzt sein würden. Er übernahm das Kommando über die Avantgarde. Auch der junge Prinz sollte, unterstützt von einigen anderen Anführern seines Alters und seiner Erfahrung, in eine verantwortungsvolle und wichtige Position gebracht werden. Als alles bereit war, ritten Margarete und der Prinz an den Reihen entlang, sprachen ermutigende Worte zu den Truppen und versprachen ihnen große Belohnungen für den Fall, dass sie den Sieg errangen.

Tewkesbury.

Margarets Herz war voller Angst und Aufregung, als die Stunde für den Beginn der Feindseligkeiten näher rückte. Sie hatte schon oft sehr liebe und hochgeschätzte Freunde auf dem Schlachtfeld eingesetzt, aber jetzt setzte sie zum ersten Mal das Leben ihres innig geliebten und einzigen Sohnes aufs Spiel. Es geschah völlig gegen ihren Willen, dass sie dieser schrecklichen Gefahr ausgesetzt wurde. Es war nur die dringendste Notwendigkeit, die sie dazu zwang.

Sie ist Zeugin des Kampfes.

Als der Kampf begann, zog sich Margaret auf eine Anhöhe im Park zurück, von wo aus sie den Verlauf des Kampfes beobachten konnte. Ihre Armee blieb einige Zeit in der Defensive innerhalb ihrer Verschanzungen, doch schließlich wurde Somerset ungeduldig und ungestüm und beschloss, einen Ausfall zu machen und die Angreifer auf offenem Feld anzugreifen.

Somerset.

Also befahl er den anderen, ihm zu folgen, und verließ die Reihe. Einige gehorchten ihm, andere nicht. Nach einer Weile kehrte er wieder in die Reihen zurück, offenbar mit der Absicht, diejenigen, die dort blieben, zur Rechenschaft zu ziehen, weil sie ihm nicht gehorchten. Er fand Lord Wenlock, einen der Anführer, der, wie er sagte, müßig auf seinem Pferd in der Stadt saß. Er brandmarkte ihn sofort als Verräter, ritt auf ihn zu und schlug ihn mit einem Schlag seiner Streitaxt nieder, der ihm den Schädel spaltete.

Panik und Flucht.

Als die Männer unter Lord Wenlocks Banner sahen, wie ihr Anführer so gnadenlos getötet wurde, begannen sie sofort zu fliehen. Ihre Flucht löste eine Panik aus, die sich schnell unter allen anderen Truppen ausbreitete und das ganze Feld bald in völlige Verwirrung versetzte.

Margarets Schrecken. Sie fällt in Ohnmacht.

Als Margaret dies sah und an den Prinzen dachte, der durch die Niederlage der größten Gefahr ausgesetzt war, geriet sie vor Aufregung und Schrecken fast in Panik. Sie bestand darauf, auf das Feld zu rennen, um ihren Sohn zu finden und zu retten. Die Menschen um sie herum fanden es fast unmöglich, sie zurückzuhalten. Schließlich, während des Kampfes, überwältigten ihre Aufregung und ihr Schrecken sie völlig. Sie verlor das Bewusstsein, und ihre Begleiter trugen sie dann bewusstlos zu einer Kutsche, und sie wurde schnell durch eines der Parktore und von dort über eine Nebenstraße zu einem nahegelegenen Ordenshaus gefahren , wo sie vermutlich sein würde im Moment sicher.

Gefangennahme des Prinzen.

Der arme Prinz wurde gefangen genommen. Nach der Schlacht wurde er zu Edwards Zelt gebracht. Die damaligen Historiker erzählen die folgende Geschichte vom traurigen Ende seiner Karriere.

Der Mord an Prinz Heinrich.

Als Edward in Begleitung seiner Offiziere und der ihn begleitenden Adligen, bedeckt mit Blut und Staub des Konflikts und wild und jubelnd unter der Aufregung des Gemetzels und Sieges, in das Zelt kam und den hübschen jungen Prinzen stehen sah Dort, in den Händen seiner Häscher, war er zunächst beeindruckt von der Eleganz seines Aussehens und seiner offenen und männlichen Haltung. Er ging jedoch heftig gegen ihn vor und forderte, was ihn nach England geführt habe. Der Prinz antwortete furchtlos, dass er gekommen sei, um die Krone seines Vaters und sein eigenes Erbe zurückzugewinnen. Daraufhin warf Edward ihm seinen Handschuh, einen schweren Eisenhandschuh, ins Gesicht.

Tod des Prinzen von Wales.

Die Männer, die dabeistanden, nahmen dies als Zeichen von Edwards Gefühlen und Wünschen gegenüber seinem Gefangenen, und sie fielen sofort mit ihren Schwertern über ihn her und ermordeten ihn auf der Stelle.

Margaret erhält die Nachricht.

Was aus ihrem Sohn geworden war, erfuhr Margaret erst am nächsten Tag. Zu diesem Zeitpunkt hatte König Edward den Ort ihres Rückzugs entdeckt und schickte einen gewissen Sir William Stanley, der schon immer einer ihrer erbittertsten Feinde gewesen war, um sie gefangen zu nehmen und zu ihm zu bringen. Es war dieser Stanley, der ihr, als er kam, die Nachricht vom Tod ihres Sohnes überbrachte. Er teilte ihr die Neuigkeit mit, hieß es, in einer überschwänglichen Art und Weise, als ob er sich nicht nur über den Tod des Prinzen freute, sondern auch darüber, die Verzweiflung und den Kummer miterleben zu dürfen, die die Mutter überwältigten die Nachricht hören.

Sie wird nach London geboren. Ihr Zustand auf der Reise.

Stanley brachte die Königin nach Coventry, wo sich damals König Edward aufhielt, und stellte sie ihm zur Verfügung. Edward reiste damals in einer Art Triumphzug zu Ehren seines Sieges nach London und befahl Stanley, Margaret in seinem Zug mitzunehmen. Zur gleichen Zeit und auf die gleiche Weise wurde auch Anne von Warwick, die junge Braut ihres Sohnes, nach London gebracht.

Während der gesamten Reise befand sich Margaret in einem Zustand höchster Erregung, fast wild vor Kummer und Wut. Sie äußerte ständig Verwünschungen gegen Edward, weil er ihren Jungen ermordet hatte, und nichts konnte sie beruhigen oder beruhigen.

Ihre letzte Hoffnung. Mord am König.

Man könnte annehmen, dass ihr während dieser schrecklichen Reise eine Quelle des Trostes in dem Gedanken gestanden hätte, dass sie auf dem Weg zum Turm, der nun zweifellos ihr Ziel sein sollte, zu ihrem Mann zurückkehren würde, der dort gewesen war einige Zeit dort eingesperrt. Aber die Hoffnung, auf diese Weise noch einmal mit fast dem letzten Gegenstand der Zuneigung verbunden zu sein, der ihr jetzt auf Erden blieb, wenn Margaret ihn wirklich hegte, war zu einer bitteren Enttäuschung verurteilt. Der Tod des jungen Prinzen machte es für die herrschende Linie nun zu einem wichtigen Anliegen, Heinrich selbst aus dem Weg zu räumen, und noch in der Nacht von Margarets Ankunft im Tower wurde ihr Mann in dem Zimmer ermordet, in dem sie starb war so lange sein Gefängnis gewesen.

Schrecklicher Schicksalsschlag.

So wurden alle großen Hoffnungen von Königin Margaret auf Glück in zwei kurzen Monaten vollständig und für immer zerstört. Am Ende des Monats März war sie die stolze und glückliche Königin eines Monarchen, der über eines der reichsten und mächtigsten Königreiche der Welt herrschte, und die Mutter eines Prinzen, der mit allerlei persönlicher Anmut und edler Errungenschaft ausgestattet war zu einer hochgeborenen, schönen und ungemein wohlhabenden Braut und begann gerade eine Karriere, die eine lange und glorreiche Karriere versprach. Im Mai, nur zwei Monate später, war sie kinderlos und Witwe. Sowohl ihr Mann als auch ihr Sohn lagen in blutigen Gräbern, und sie selbst, vom Thron gefallen, wurde als hilflose Gefangene in einem düsteren Kerker eingesperrt, ohne Aussicht auf Erlösung bis ans Ende ihrer Tage. Sogar die Annalen des Königshauses sind voll von Beispielen überwältigenden Unglücks und können vielleicht kein anderes Beispiel für eine so völlige und schreckliche Wende des Schicksals liefern wie dieses.

KAPITEL XXIV.

Der Leichnam von König Heinrich.

Am Tag nach der Ermordung Heinrichs wurde die Leiche aus dem Tower geholt und mit einer starken Eskorte bewaffneter Männer zu ihrer Bewachung durch die Straßen Londons zur St. Pauls-Kirche transportiert, um dort öffentlich ausgestellt zu werden war bei solchen Anlässen üblich. Eine solche Ausstellung war in diesem Fall notwendiger als gewöhnlich, da die Tatsache von Heinrichs Tod möglicherweise später in Frage gestellt worden wäre und die Konstrukteure das Land möglicherweise weiterhin in seinem Namen in Aufregung versetzt hätten, wenn es nicht die meisten gegeben hätte Der Öffentlichkeit wurde der eindeutige Beweis vorgelegt, dass er nicht mehr da war.

Blick auf Chertsey.

Auf dem Fluss nach Chertsey getragen.

Der Körper blieb den ganzen Tag so liegen. Als die Nacht hereinbrach, wurde es weggenommen und nach Blackfriar's gebracht — eine Landung auf dem Fluss fast gegenüber von Saint Paul's. Hier lag ein Boot bereit, den Leichenwagen aufzunehmen. Es wurde mit Fackeln beleuchtet und die Wassermänner waren an ihren Rudern. Der Leichenwagen wurde an Bord gebracht und der Leichnam über das dunkle Wasser des Flusses in das einsame Dorf Chertsey getragen, wo beschlossen worden war, ihn zu beerdigen.

Nach Henrys Tod wurde Margaret noch einige Zeit im Tower festgehalten. Als man schließlich feststellte, dass alles ruhig war und die neue Regierung sich fest etablierte, wurde die Härte der Inhaftierung des unglücklichen Gefangenen gelockert. Sie wurde zunächst nach Windsor und dann nach Wallingford gebracht, einem Ort im Landesinneren, wo sie ein beträchtliches Maß an persönlicher Freiheit genoss, obwohl sie immer noch sehr streng beobachtet und bewacht wurde.

Sie wird freigekauft.

Etwa vier Jahre später gelang es ihrem Vater, König René, schließlich, ihr Lösegeld in Höhe von fünfzigtausend Kronen zu erwirken. René besaß selbst nicht so viel Geld, aber er veranlasste König Ludwig, es zu zahlen, unter der Bedingung, dass er ihm seinen Familienbesitz übertrug.

Das Lösegeld sollte in fünf jährlichen Raten gezahlt werden, aber nach Zahlung der ersten Rate sollte die Königin freigelassen werden und in ihr Heimatland zurückkehren dürfen. Es wurde auch festgelegt, dass sie als Bedingung für ihre Freilassung formell und für immer auf alle Rechte jeglicher Art im Reich Englands verzichten sollte , auf die sie durch ihre Ehe mit Henry Anspruch hätte erheben können. Man hätte annehmen können, dass sie vor ihrer Freilassung die Unterzeichnung dieser Verzichtserklärung verlangt hätten. Aber nach englischem Recht galt damals wie heute, dass eine auf Dauer geleistete Unterschrift ungültig sei, da der Unterzeichner nicht frei sei. Daher wurde vereinbart, dass ein englischer Kommissar sie über den Kanal begleiten und mit ihr nach Rouen gehen sollte, wo er sie den französischen Botschaftern übergeben sollte , die im Namen Ludwigs für die Unterzeichnung des Abkommens verantwortlich sein sollten dokumentieren.

1476. Der Kommissar. Margaret überquert den Ärmelkanal.

Dieser Plan wurde in die Tat umgesetzt. Margaret brach von der Burg Wallingford aus unter der Obhut eines Mannes auf, auf den sich Edwards Regierung verlassen konnte, der sie gut bewachte und dafür sorgte, dass sie ruhig durch England zum Einschiffungshafen weiterfuhr. Dieser Hafen war Sandwich. Hier ging sie mit einem Gefolge aus drei Damen und sieben Herren an Bord eines Schiffes und verabschiedete sich endgültig von dem Königreich, das sie auf ihrer Hochzeitsreise mit so hohen und überschwänglichen Erwartungen an Größe und Glück betreten hatte.

In Rouen.

Sie kam Anfang 1476 in Dieppe an und reiste sofort weiter nach Rouen, wo der Kommissar, der sie begleiten wollte , sie den französischen Botschaftern übergab , die sie empfangen und die Unterzeichnung der Verzichtserklärung besorgen sollten.

Ihr Verzicht.

Das Dokument war in lateinischer Sprache verfasst, hatte aber folgende Bedeutung:

> Ich, Margarete, ehemals in England verheiratet, verzichte auf alles, was ich in England durch die Bedingungen meiner Ehe vorgeben konnte, und auf alle anderen Dinge dort gegenüber Edward, dem jetzigen König von England.

Gefühle, mit denen sie es unterschrieben hat.

Es kostete Margaret keine Mühe, dieses Papier zu unterschreiben. Mit dem Tod ihres Mannes und ihres Sohnes war in ihrem Herzen jede Hoffnung erloschen, und das Leben besaß nun nichts mehr, was sie sich wünschte. Sie unterzeichnete dieses verhängnisvolle Dokument und verzichtete damit nicht nur auf alle Ansprüche, von nun an als Königin betrachtet zu werden, sondern auch auf jeden Anspruch, jemals eine gewesen zu sein, mit einer passiven Gleichgültigkeit und Gleichgültigkeit, die zeigten, dass ihr Geist gebrochen war und dass die Feuer des Stolzes und des Ehrgeizes brannten die so heftig in ihrer Brust gebrannt hatten, waren nun endlich für immer ausgelöscht.

Ungroßzügigkeit von Louis.

Als das Papier unterzeichnet war, wurde Margaret entlassen und konnte sich auf eigene Faust in ihre Heimatprovinz Anjou begeben, wo sie den Rest ihrer Tage verbringen wollte . Ihr Plan war es, über Paris zu fahren, um ihren Cousin, König Ludwig, noch einmal zu sehen, der sie mit so viel Rücksicht und Ehre behandelt hatte, als sie auf dem Weg nach England war, mit der guten Aussicht, dort ihren Ehemann zu finden Der Tron. Aber jetzt liege die Lage anders, dachte Louis, und anstatt ihre Andeutung, dass sie auf dem Heimweg Paris besuchen wollte, freundlich entgegenzunehmen, ließ er ihr sagen, dass sie besser nicht kommen sollte, und riet ihr stattdessen, das Beste aus ihr zu machen Weg zu ihrem Vater nach Anjou.

Eine Eskorte wird angeboten.

Um diese Unhöflichkeit zu mildern, schickte er jedoch eine Eskorte, die sie auf ihrer Heimreise begleiten sollte, aber Margaret war so verletzt von der herzlosen Vernachlässigung ihrer Cousine in ihrer Not, dass sie beschloss, keine Gunst von seinen Händen anzunehmen; Deshalb lehnte sie die

Begleitung ab und machte sich allein mit ihren wenigen persönlichen Begleitern auf den Weg.

Gefahr. Engländer in der Normandie.

Dieses kleine Aufflammen der alten Flammen des Stolzes und des Grolls in ihrem Herzen hätte Margaret jedoch beinahe das Leben gekostet, denn sie war auf ihrer Reise noch nicht weit gekommen, als sich ein Notfall ereignete, in dem eine Eskorte von großem Nutzen gewesen wäre ihr. Es scheint, dass bei der Vertreibung der Engländer aus der Normandie viele Familien und einige ganze Dörfer von Menschen zurückgeblieben waren, die zu arm waren, um zurückzukehren. Diese Menschen befanden sich nun in einem sehr schlechten und erbärmlichen Zustand. Sie trauerten ständig um die harte Not, die sie in einem fremden Land ohne Freunde und Schutz zurückgelassen hatte; und sie verstanden auch, dass der erste Beginn der Preisgabe ihrer Besitztümer in Frankreich durch die Engländer die Abtretung bestimmter Provinzen durch die Regierung Heinrichs VI. war. zur Zeit der Heirat dieses Monarchen mit Margarete von Anjou, und dass alle späteren Unglücke ihrer Landsleute in Frankreich, durch die am Ende das ganze Land verloren ging, ihren Ursprung in diesen Transaktionen hatten.

Margaret im Gasthaus. Aufruhr im Gasthaus.

Nun geschah es, dass Margaret auf ihrer Reise von Rouen nach Anjou die erste Nacht in einem dieser Dörfer Halt machte. Als die Leute sahen, dass eine Gruppe Fremder in die Stadt kam, versammelten sie sich nachts aus Neugier um das Gasthaus, um zu erfahren, wer sie sein könnten. Als ihnen mitgeteilt wurde, dass es Margarete von Anjou, Königin von England, war, die aus dem Königreich verbannt worden war und nun nach Hause zurückkehrte, gerieten sie in höchsten Zorn gegen sie als die Urheberin all ihrer Leiden. Sie stürmten ins Haus, um sie zu ergreifen, und wenn es ihnen gelungen wäre, hätten sie sie zweifellos auf der Stelle getötet. Aber einige der Herren, die in ihrer Gruppe waren, verteidigten ihr Schwert in der Hand und hielten den Pöbel auf Abstand, bis sie ihre Wohnung erreichte. Sie bewachten sie dort, bis sie die Behörden rufen konnten, die kamen und den Mob zerstreuten. Margaret kehrte sofort nach Rouen zurück und war nun bereit, eine Eskorte anzunehmen. Für sie wurde ein angemessener Schutz bereitgestellt, und unter dessen Schutz machte sie sich erneut auf den Weg, und dieses Mal ging sie in Sicherheit weiter.

Margaret kommt in Anjou an. Ihr Vater.

Als Margaret endlich ihr Heimatland Anjou erreichte, wurde sie von ihrem Vater sehr freundlich empfangen und zog zu ihm in ein Schloss namens Schloss Reculée , das etwa eine Meile von Angers, der Hauptstadt der Provinz, entfernt liegt.

Hier blieb sie etwa vier Jahre. Es war ein sehr angenehmer Ort. Die Burg lag am Ufer eines Flusses und doch in einer eindrucksvollen Lage, die einen schönen Ausblick auf die Stadt bot. An das Schloss grenzte ein wunderschöner Garten sowie eine Galerie mit Gemälden und Skulpturen. Ihr Vater, König René, war selbst Maler und hatte großen Spaß daran, Bilder zu malen, um sie seiner Sammlung hinzuzufügen oder sie seinen Freunden zu schenken.

Schreckliche Niedergeschlagenheit.

Aber Margaret konnte sich für all diese Dinge nicht interessieren. Ihr Geist war die ganze Zeit voller bitterer Erinnerungen an die Vergangenheit, die sie nicht vertreiben konnte, selbst wenn sie sich nicht an sie klammerte und sie nicht schätzte. Sie dachte ständig an ihren Mann und ihr Kind. Sie bemühte sich unaufhörlich, an ihre Körper zu gelangen, um sie nach Anjou überführen zu lassen, und da ihr dies nicht gelang, zahlte sie jährlich eine beträchtliche Summe, um sich die Dienste von Priestern zu sichern, die an ihren Gräbern Messen halten sollten in England, um die Ruhe ihrer Seelen zu sichern.

Seine Auswirkungen.

Tatsächlich verfolgten die Angst und die Aufregung, die ständig in ihrem Herzen herrschten, sie wie ein Wurm in der Mitte einer Blume. „Ihre Augen, die einst so strahlend und ausdrucksstark waren", sagt einer ihrer Historiker, „wurden hohl und trüb und durch das ständige Weinen dauerhaft entzündet." Tatsächlich wurde ihre gesamte Blutmasse verdorben, und eine schreckliche Krankheit befiel ihre einst schöne Haut und machte sie zu einem Objekt des Mitleids für alle, die sie sahen.

Tod ihres Vaters.

Sie blieb in diesem Zustand, bis ihr Vater starb. Auf seinem Sterbebett übergab er sie der Obhut eines alten und treuen Freundes, der sie nach dem Tod von König René mit auf sein eigenes Schloss Damprierre nahm , das etwa 25 Meilen weiter flussaufwärts lag .

Die Schlussszene.

Doch obwohl Margaret von der Freundin, der ihr Vater sie auf diese Weise anvertraute, sehr freundlich behandelt wurde , überlebte sie diese Veränderung nicht lange. Sie starb und wurde in der Kathedrale von Angers beigesetzt, und jahrhundertelang führten die Geistlichen des Kapitels einmal im Jahr anlässlich des jeweiligen Jahrestages eine feierliche Zeremonie über ihrem Grab durch, indem sie langsam und gemessen um das Grab herumgingen Schritt, eine Hymne singend.

Das Ende.

Fußnote 1: Siehe Karte am Anfang des Bandes.

Fußnote 2: Die Lage von Nancy sowie die Lage der beiden Provinzen Anjou und Lothringen, die heute Departements Frankreichs sind, können anhand einer guten Karte dieses Landes oder der Karte am Anfang dieses Buches eingesehen werden Volumen.

Fußnote 3: Der Name war eine Abkürzung von Frederick.

Fußnote 4: Siehe Frontispiz.

Fußnote 5: Siehe Karte. Der älteste Sohn des Königs von Frankreich und Erbe der Krone wird Dauphin genannt. Sein Rang und seine Stellung entsprechen denen des Prince of Wales in England.

Fußnote 6: Auf Seite 20.

Fußnote 7: Das ist der vierte Teil der Tabelle. Es gab weitere Kinder, die hier nicht erwähnt wurden.

Fußnote 8: Die Geschichte von Lady Neville und ihrer Verbindung zu den großen politischen Transaktionen, an denen Margarete von Anjou zu dieser Zeit beteiligt war, ist zwar aller Wahrscheinlichkeit nach als Romanze zu betrachten, aber keine Erfindung des Verfassers von diese Erzählung. Es ist mit der Geschichte von Margarete von Anjou verwoben, genau so, wie sie hier von einer ihrer ältesten und am häufigsten zitierten Biographen erzählt wird. Es ist vor allem für moderne Leser nützlich, da es die Ideen und Sitten der Zeit veranschaulicht.

In dieser Reihe wiederholen wir daher oft Erzählungen, die aus der Antike stammen und so zu einem festen Bestandteil der damaligen Literatur geworden sind und als solche dem allgemeinen Leser bekannt gemacht werden sollten, die aber heute nicht als historisch wahr gelten. In solchen Fällen sind wir jedoch bestrebt, dies stets mitzuteilen. Ohne einen solchen Hinweis kann der Leser sicher sein, dass alle Aussagen in diesen Erzählungen, selbst bis in die kleinsten Details, in strikter Übereinstimmung mit den Aussagen der besten derzeit existierenden Autoritäten stehen.

Fußnote 9: Siehe Karte.

Fußnote 10: Siehe Karte am Anfang des Bandes.

Fußnote 11: Siehe Karte.

Fußnote 12: Der Erzbischof von Canterbury, auf dessen Todesumstand bereits hingewiesen wurde.

Fußnote 13: Siehe Karte.

Fußnote 14: Zur Lage von Blore Heath siehe Karte.

Fußnote 15: Siehe Karte der Grenze am Anfang von Kapitel XIX.

Fußnote 16: Ausgesprochen Brezzay .

Fußnote 17: Siehe die Karte am Anfang dieses Kapitels.

Fußnote 18: Die Art der Schwierigkeiten, die in England aufgetreten waren, und die Umstände, die den Earl of Warwick dazu veranlassten, Edwards Sache aufzugeben, werden ausführlich in der Geschichte von Richard III. erklärt.